싸이보그지만 괜찮아 각본

싸이보그지만 괜찮아 각본

정서경 박찬욱

그책

시작은 이랬습니다. 파주에서의 맑은 오후, 감독님이 손가락 끝에서 총알이 나오는 소녀에 관한 꿈 이야기를 해주었습니다. 그 이미지를 가지고 영화를 만들어보고 싶다는 것이었습니다. 진짜 싸이보그가 나오는 영화는 돈도 많이 들고 일이 커지니까 그냥 '싸이보그라고 생각하는' 소녀의 이야기를 해보자. "그러니까....싸이보그지만 괜찮아, 그런 이야기인 거죠?" 제가 물었습니다. "그래, 그걸 제목으로 하면 되겠다." 감독님은 언제나 제목을, 당황스러울 정도로 빨리 정하십니다.

정신병원에도 가보고 여러 가지 책도 읽으면서 열심히, 재밌게 스스로 싸이보그라고 생각하는 소녀의 이야기를 썼습니다. 쓰는 동안에 감독님과 더불어 너무너무 많이 웃었기 때문에 내심 이 영화가 아주아주 많은 사람들을 웃게 해줄 거라고 생각했던 기억이 납니다.

그런데 영화가 개봉한 후에 전개된 상황은 사뭇 달랐습니다. 좋아하는 사람도 있었지만 훨씬 많은 사람들이 영화를 이해할 수 없다 했습니다. 인터넷을 돌며 악평을 모조리 찾아 읽었습니다. 부끄러웠습니다. 관객들이 이해할 수 없어 하는 각본을 쓴 데다가, 왜 이해할 수 없어 하는지조차 이해하지 못하고 있었기 때문입니다. 아주 오랫동안 저는 그 이유를 이해하려고 노력해왔습니다만 당시에는 일단 사람들이 이해할 수 없어 하는 각본을 쓴 작가의 기분이 어떤지 기억해 두어야겠다고만 결심했습니다, 다시는 그런 기분을 느끼지 않기 위해.

〈싸이보그지만 괜찮아〉와 나의 이야기는 이렇게 끝날 것 같았습니다. 그런데 이 서문을 쓰기 위해 아주 오랜만에 이 각본을 다시 읽어보고 이런 생각이 들었습니다.

이것이 나와 감독님의 싸이보그적인 면에 관한 이야기라는 것을 그때는 왜 몰랐을까?

왜 이것이 다만, 스스로를 싸이보그라고 생각하는 어떤 소녀의 이야기라고만 생각했을까?

소녀가 이야기하고 싶어 하는 것은 아주 단순합니다.

소녀는 자기에 대한 다른 사람들의 몰이해 때문에 스스로를 싸이보그라고 느낍니다.

그리고 그 때문에 생기는 분노와 수치감을 스스로 금지합니다.

하지만 외할머니의 죽음으로 인한 슬픔과 분노는 너무너무 크고 압도적이어서, 소녀의 몸에서 총알이 다다다다 쏟아져 나와 눈앞의 사람들을 모조리 죽여버릴 것 같습니다.

외할머니를 상실함으로써 느끼는 슬픔과 분노는 아주 자연스러운데 소녀는 이것을 발화하기까지 너무 복잡한 과정을 겪습니다. 이러한 과정은 감독님과 내가 그간 해왔던 이야기들의 공통점 중의 하나입니다. 주인공의 진실하고 강렬한 감정에 가닿기 위해 우리는 멀고 복잡한 길을 돌아 돌아 다녔습니다. 그렇게 보면 싸이보그 칠거지악인 '동정심, 슬픔에 잠기는 것, 죄책감, 망설임, 쓸데없는 공상, 설레임, 감사하는 마음'의 금지는 사실상 감독님의 시나리오 창작 원리나 다를 바 없습니다. 유머 없이는 슬픈 이야기를 하지 않는 것, 인간의 취약한 감정에 쉽게 사로잡히기를 거부하는 것, 이것이 제가 생각하는 감독님의 싸이보그적인 면입니다. 어쩌면 이것이 그의 영화를 모든 이가 좋아할 수는 없는 이유일지도 모릅니다. 하지만 저는 바로 이런 점이 감독님 영화를 품위 있게 만드는 부분이라고 생각합니다. 놀라움 속에 감독님한테 이런 깨달음을 당장 말해주려고 했지만....막상 감독님은 "그걸 인제 알았냐?"고 대수롭지 않다는 듯 대구할 것 같아 그만뒀습니다.

그런데 사실은 제가 놀란 것이 하나 더 있습니다. 이 영화가 외할머니에 대한 저의 감정을 아주 많이 반영하고 있다는 것이었습니다. 그런데 쓰면서는 그 사실을 왜 전혀 인식하지 못했을까? 이상한 일입니다. 편집실에서 영군이 자전거 타고 할머니를 쫓아가는 장면을 보고 눈물을 줄줄 흘린 이유가 바로 그거였나 봅니다. 당시에는 수정씨가 연기를 너무 잘해서 그랬다고 생각했지만. 슬펐으면서도 슬픈 줄 몰랐다니 이것이 저의 싸이보그적인 면 같습니다.

　아직도 이 영화가 개봉하고 있을 때의 기분을 기억합니다. 악평을 하나하나 읽으면서 했던 다짐을 기억합니다. 다시는 이런 영화를 쓰지 말아야겠다, 다시는 이런 기분을 느끼지 말아야겠다. 그리고 또 이 영화를 쓰고 있을 때의 느낌도 기억합니다. 등장인물들을 하나하나 다 사랑했던 것, 이 병자들을 조롱하거나 불쌍하게 여기지 않으면서 즐겁게 웃을 수 있는 영화가 되리라고 믿었던 것. 그래서 누군가 이 영화를 좋아한다고 하면 저는 그 사람을 무조건 친구라고 생각합니다. 제가 너무 싸이보그스러워서 돌아 돌아 했던 연약한 이야기를 알아봐주고 좋아해주신 분들께 저는 정말 감사드립니다. 물론 감독님은, 앞서 언급한 몇 가지 원칙적인 이유 때문에 감사하지 않으실 것 같지만.

　　정서경

작가의 말

〈싸이보그지만 괜찮아〉가 애당초 어떻게 기획된 영화인지는 잘 알려져 있지 않다.

디지털 장비로 영화를 찍는 것이 저예산 독립영화에나 해당되는 일이라고들 생각하던 시절, 미국에서 막 시험되고 있던 HD 카메라로 본격적인 상업영화를 찍을 수 있을지를 궁금해 한 투자/배급사 CJ 엔터테인먼트가 당시 기준 중하급 정도의 예산으로 일련의 HD 영화를 만들고자 했던 것이 그 출발이었다. 필름으로 찍을 때에 비해 여러모로 경비가 줄어드니 민첩하게 치고 빠질 수 있는, 새롭고 대담한 영화를 그들은 원했던 것이다. 스튜디오 영화의 공식에서 (다소) 벗어나도 좋다는 허락하에 나는, 전부터 다루어보고 싶었던 어떤 아이디어를 다시 머릿속에서 만지작거리기 시작했다. '의료진이 보고 있지 않을 때 정신병원 폐쇄병동에서는 어떤 일이 벌어질까? (아이가 잠든 다음 장난감들끼리 난장을 벌이는 것처럼) 환자들이 자기만의 망상세계를 공유하는 평행우주를 구현한다면 그것 참 볼만하지 않을까?'

마침 그즈음, 손가락 끝이 기관총구로 변해 발작적으로 탄환을 퍼부으면서 입으로는 토하듯이 탄피를 뱉는 소녀의 꿈도 꾸었겠다, 신이 나서 서경 작가에게 전화를 걸었고, 서경은 정신과 의사 베프를 톡톡히 잘 써먹어가며 초고를 써 내놓았고, 나는 늘 하는 대로 서경과 마주 앉아 함께 거듭 고쳐 썼다.

이 영화를 돌이켜볼 때 내 마음에 제일 먼저 떠오르는 사람은 임수정이다. 초견만으로 최상의 연주를 해내는 주자를 만났을 때 작곡가의 심정이 이럴까? 각본을 읽자마자 이해 못할 것이 하나도 없다고 했던 이 배우와, 완성된 영화를 보고도 하나도 이해 못하겠다고 했던 여러 관객들 사이의 괴리는 내게 여전히 신비로운 크레바스의 영역이다.

나는 서경 작가 말마따나 〈싸이보그지만 괜찮아〉를 좋아한다는 사람을 만날 때 그다지 감사해 하지는 않는 편이다. 다만 속으로 이렇게 뇔 뿐이다. '정의는 살아 있다!'

박찬욱

차례

싸이보그지만 괜찮아 각본

나오는 사람들

차영군
여, 23세. 자기가 싸이보그라고 믿으면서 남들에게는 숨기려고 한다.
잘 부끄러워하는 편이나 감정의 기복은 크다.

박일순
남, 23세. 점으로 소멸될지 모른다는 두려움 때문에 다른 사람의 물건, 성격,
특기, 정체성 등을 훔친다. 안티소셜 진단을 받았다.

오설미
여, 48세. 우울증으로 전기충격 치료를 받을 때마다 부작용으로
기억을 조금씩 잃는다. 이를 만회하기 위해 거짓말을 지어낸다.

이대평
남, 45세. 탁구를 잘 치는 전직 경관, 신경질적이다.
아내가 괴물이라고 생각한다.

왕곱단
여, 33세. 뚱뚱하다. 수면비행법을 개발하여 잠을 자면서 날아다닌다.
머릿속에 오로지 피부미용 생각밖에 없다.

손은영
여, 35세. 다른 사람의 눈을 똑바로 못 보기 때문에 대화할 때도
항상 거울을 이용한다.

황규석
남, 34세. 허리에 고무줄을 매고 태어났다고 생각한다.
고무줄이 뒤에서 잡아당기기 때문에 걸을 때 몸이 앞으로 쏠린다.

신덕천
남, 43세. 잘못된 일은 늘 자기 탓이라고 생각하며 잘못에 대해
어떤 상황에서든 사과하고 용서를 구하고자 한다. 뒤로만 걷는다.

영군 엄마
여, 49세. 순대를 중심으로 한 돼지부속전문식당을 운영한다.
뭐든지 감추기를 좋아하고 말할 때 틀리기를 잘한다.

영군 외할머니
여, 71세. 치매에 걸려 요양원에 갔다. 자기를 쥐로 여긴다.

최슬기
여, 29세. 정신과 1년 차 레지던트, 차영군의 담당의.
조금 서툴지만 순진하다. 자주 안 감은 머리에 찌개국물 묻은 가운 차림.

김준범
남, 34세. 정신과 3년 차 레지던트, 박일순의 담당의. 자신감이 있다.

아나운서
여, 30대. 영군의 의식을 지배하는 가공의 인물.
싸구려 라디오 스피커를 통해 들리는 선동적인 목소리로만 존재한다.

1. 공장 (낮) - 과거

두건을 쓴 작업복 차림의 영군, 위에서 나는 소리에 귀 기울이듯 초점 없는 눈으로 허공을 응시한다.

아나운서

(소리)

일, 스피커를 끼우고 망을 방향에 주의하여 조립하겠어요.

영군

(지시에 따라 작업하며 중얼중얼 혼잣말)

....스피커....망....방향....

작업대 앞에 앉은 영군, 지시에 따라 작업하기 시작한다. 작업대 위에 널린 트랜지스터라디오의 부품들과 회로도의 세부 이미지 위로 크레딧. 화면 넓어지면 넓은 실내에 줄을 지어 앉은 여공들, 납땜 작업 중이다. 더러는 헤드폰이나 이어폰을 끼었다. 묵묵히 일에 몰두할 뿐 서로를 돌아보지 않는다. 창밖에 비 온다. 다른 여공들과 달리, 때때로 고개를 들어 공장 스피커에서 울리는 듯한 아나운서의 목소리에 귀 기울이며 라디오를 조립하는 영군. 상담 중인 슬기/엄마와 아나운서의 목소리가 마구 뒤섞여 들린다.

슬기

(소리)

이번 일 있기 전에 영군이한테 특별한 변화는 없었나요?
갑자기 밥을 안 먹는다든지....

엄마

(소리)

제가 사실 그런 것까지 신경 쓸 여유는 없었고요.

아나운서

(소리)

이, 바리콘을 화살표 방향으로 끝까지 돌려놓고 바리콘 기어의
에이자가 위로 향하게 하여
볼트 이쩜육 곱하기 오로 조이겠어요.

영군

....바리콘....화살표 방향....기어....에이자....볼트....

엄마

(소리)

식당 일이 너무 바빠서....외할머니는 사실 영군이가 키워주셨는데....

2. 상담실 (낮)

슬기와 엄마, 마주 앉았다.

슬기

네?

엄마

아니, 제 말은 외할머니가 영군일 키우셨다는 거죠.
그래서 어린애 말투가 좀 늙수그레해요.

아나운서

(소리)

삼, 손잡이에 금속판 이 곱하기 이십삼을 밀어 넣은 후,
뒤 케이스에 안착시키고
뒤 케이스의 안쪽에서 다시 판을 위에서 아래로 밀어 고정시키겠어요.

영군
(소리)
....손잡이....금속판....뒤 케이스....판....

슬기
외할머니께서는....

엄마
요양원 갔어요, 치매 때문에....
육 개월 동안 무만 드시다가.

슬기
무....요?

엄마
깍두기 담는....

슬기
아- 예....

잠시 어색한 정적.

아나운서
(소리)
사, 볼륨 노브를 볼륨에 끼우고 볼트 일쩜칠 곱하기 사로 조여
고정시키겠어요.

영군
....볼륨 노브....볼륨....볼트.....

슬기가 다시 입을 열려는 순간 영군 엄마의 휴대전화가 울린다. 통화하
는 모습을 유심히 지켜보는 슬기.

엄마

응....순대 칠십 킬로에 머리고기, 귀떼기, 오소리감투....
새끼보두 가져왔어?
아냐, 아냐, 백 킬로는 받아야지, 요샌 잘 안 나오잖아.
(느닷없이 슬기에게)
어렸을 때 학교 갔다가 머리가 아파서요....
(다시 전화에 대고)
머리고기, 아니 혓바닥 육십 킬로하구....
(말을 다 맺지도 않은 것 같은데 전화를 끊더니)
머리가 하도 아파서 집에 오자마자 마당에서부터 내가
엄마....엄마....

3. 영군 외가 (낮) - 과거

손으로 이마를 짚고 마당을 가로지르는 어린 엄마.

어린 엄마

(애처롭게)
....엄마....

시골집의 재래식 부엌. 쭈그리고 앉은 영군 외할머니의 뒷모습.

아나운서

(소리)
오, 앞 케이스의 스피커에 절연지를 끼우고 기판을 조립한 다음
뒤 케이스를 볼륨 부분부터 비스듬히 덮어 볼트 이 곱하기 팔 네 개로
조여 고정시키겠어요.

영군

(소리)

....앞 케이스....스피커....절연지....기판....뒤 케이스....볼륨
부분....볼트....

책가방을 메고 부엌 입구에 서서 놀란 눈으로 엄마를 보는 어린 엄마.

어린 엄마

엄마....뭐해?

바가지로 동치미 무를 떠주다가 깜짝 놀라서 돌아보는 영군 할머니. 모여서 무를 갉아먹는 쥐들.

엄마

(소리)

....쥐들한테 밥을 주고 계셨어요.

아나운서

(소리)

육, 테스터를 연결한 다음, 라디오의 스위치를 켜보겠어요.
테스터의 셀렉터 레인지는 이백오십 미리암페어 레인지에서
점검했을 때 십에서 이십오 미리암페어면 정상입니다.

4. 공장 (낮) - 과거

씬1 연결. 라디오 스위치 켜는 영군, 테스터의 바늘이 정상 레인지에서
움직인다. 라디오의 붉은 전원 램프.

영군

....테스터....라디오....스위치....셀렉터 레인지....정상

아나운서

(소리)

칠, 점검이 끝났으면, 안테나를 높이 올리고 바리콘 노브를 돌려
방송을 잡아보겠어요.

영군

....점검....안테나....바리콘 노브....방송....

안테나를 뽑는다. 끝없이 나오는 안테나, 천장에 닿는다. 노브를 돌려
주파수를 맞추자 음악 흐른다. 안테나도 보이지 않고 음악도 들리지 않
는 듯 작업에만 몰두한 여공들. 눈 감고 음악에 귀 기울이는 영군, 입가
에 미소.

엄마

(소리)

그날 밤 저한테 말씀하셨어요, 엄마가 사실은 쥐라고....
더 이상 숨기고 싶지가 않다고....
제가 엄마 딸인 것처럼 그 쥐새끼들도 그렇다고....

5. 상담실 (낮)

씬2 연결. 건조하게 술회하는 영군 엄마.

엄마

엄마는 어미 쥐라고....

고개를 끄덕이는 슬기, 말문을 닫는 영군 엄마. 실내에 침묵이 흐른다.

아나운서

(소리)

팔, 전선의 한쪽 끝을 두 개로 갈라 피복을 벗기겠어요.
다른 쪽 끝에는 플러그를 연결합니다.

영군
(소리)
....전선....피복....플러그....

아나운서
(소리)
구, 양 손목을 칼로 그은 후....

영군
(소리)
....손목....칼....

6. 공장 (낮) - 과거

씬4 연결. 이미 바닥에 피를 뚝뚝 흘리는 영군의 왼팔, 큼직한 커터로 오른 손목을 긋는 중이다. 자기 일에 열중한 여공들, 전혀 눈치채지 못한다.

엄마
(소리)
불쌍한 우리 엄니, 그 겁 많은 양반이....

아나운서
(소리)
피복을 벗겨낸 전선을 한쪽씩 넣고....

영군

손목....피복....전선....

슬기

(소리)

영군이도 아나요, 그 얘기?

아나운서

(소리)

고무테이프를 감겠어요.

영군

고무테이프....

벌어진 상처에 전선 끝을 밀어 넣고 고무테이프로 친친 감는 영군.

엄마

(소리)

영군이가요? 아니요, 아니에요.... 어머니 기분이 그날따라 그랬겠지,
새끼 쥐하고....
저두요, 돼지곱창이 유난히 친근하게 느껴지는 날이 있거든요.
선생님도 그럴 때 있으시잖아요, 환자들하구.

아나운서

(소리)

팔, 플러그를 콘센트에 꽂겠어요.

영군

팔....플러그....콘센트....

영군, 케이스를 열어 틀니를 꺼내든다. 왼손으로 틀니를 잡고 오른손으로는 작업대 위에 설치된 콘센트에 자신의 손목이 연결된 플러그를 꽂는다.

7. 공장 밖 (낮) - 과거

퍼붓는 듯한 비, 어두운 하늘 아래 시커멓게 선 공장 건물. 멀리 하늘에 번개가 쩍.

8. 공장 (낮) - 과거

씬6 연결. 바닥에 털썩 쓰러지는 영군. 그제야 돌아보고 놀라 흩어지는 옆자리 동료들. 영군, 조용히 몸을 경련하며 피 흘리지만 주변을 에워싼 여공들 중 누구도 선뜻 다가서지 못한다. 손목부터 점점 까매지는 영군의 팔. 샌들 신은 발, 새끼발톱이 보라색으로 발광하기 시작한다. 발톱마다 무지개 색깔의 불이 그러데이션을 이루며 차례로 들어온다. 엄지발톱이 점등되며 삐 - 소리난다.

엄마

(소리)

....그런 건 관련이 없겠죠, 영군이 자살하구?

(주황색과 빨간색으로 발광하는 엄지발톱 클로즈업 화면에 활자
나타난다. - 싸이보그지만 괜찮아)

우리 영군이.... 괜찮겠죠?

9. 여자 입원실 (낮)

6인실. 환자복을 입고 침대에 누운 영군, 양 손목에 붕대를 감았다. 초점이 없는 눈, 틀니를 쥔 채 떨리는 손. 곁에 서서 영군을 내려다보는 환자, 설미.

설미

(자상하고 사려 깊은 태도로)

너 같은 어린애한테 여기 밥이 입에 맞을지 모르겠다.

도대체 부모들이 생각이 있는 건지, 원....

(작은 금속 손거울을 통해 설미와 영군을 흘끔거리는, 옆 침대의 은영)

역시 부모가 젤 중요해, 여자한텐 특히 아빠....저기 쟨....

은영을 봤다가 입을 다물고 한숨을 쉬더니 영군의 침대를 밀어 복도로
나가는 설미.

10. 3층 복도 (낮)

입원실이 늘어선 복도. 영군의 침대를 밀고 나가는 설미. 환자와 의료
진들, 지나다닌다. 몸이 앞으로 쏠리며 한 걸음 한 걸음 힘겹게 발을 때
는 규석도 보인다.

설미

십 년 전쯤에 환자 하나가 사라졌대, 오동수라고....

창호지처럼 얇고 창백한 남자였는데....

딸꾹질이 멈추질 않아서 괴로워했대.

의료진에, 군경합동수색대에, 산에 쎄파트까지 풀어서 찾았지,

위험한 정신이상자라고....

(코너에 놓인 커다란 오동나무 괘종시계에 팔을 얹으며)

한 일주일 걸렸을까....시계가 딸꾹딸꾹 소리를 낸다는 걸 깨닫기까지....

(경련하듯 일 초 일 초 지나가는 초침)

오동수는 이 안에서 편안하게 웅크리고 죽어 있었다는 거야.

죽어서도 딸꾹질을 세상에 남기고 싶어 하는 것 같았다지, 오동수가.

잘 들어봐, 저 소리....

(시계 소리에 귀 기울이는 영군. 설미, 영군 어깨를 탁 치며)

믿거나 말거나야, 얘....

설미, 천천히 침대를 밀고 간다. 시계 밑 캐비닛에서 눈을 떼지 못하는 영군. 대평의 고함이 들리기 시작한다.
서둘러 가보면 보호사들한테 양팔을 붙잡힌 채 발광하는 대평.

대평
이럴 수가 있습니까, 이럴 수가 있습니까, 여러분!
누가 시켰느냐, 이 자식들아, 이 도둑놈들아!
왜 공무집행 중인 경찰관을 잡아가냐 이 놈들아, 박일순을 잡아가라...!
(아예 바닥에 드러누워 몸부림치며)
경찰! 일일구! 김준범 선생님!

침대를 밀고 와 구경하는 설미. 보호사들에 의해 끌려가는 대평. 경찰 제복을 입고 탁구대 옆에서 V자 포즈를 취한 대평의 사진이 붙은 대자보를 간호사들이 뗀다. 혼란스러운 틈을 타 입구로 빠져나가는 설미와 영군.

설미
경찰 좋아하네, 유니폼 변태 주제에....
세일러복 입구서 마누라 죽이구, 집에 불 지르구....

11. 여자 입원실 (낮)

슬기 들어온다. 손거울을 감추고 딴청부리는 은영.

슬기
새로 온 환자, 어디 갔어요?
(마주보지 않으려고 몸을 돌려 앉는 은영)
....못 보셨어요?
(거울로 햇빛을 반사시켜 어느 침대를 비추는 은영)
....설미씨랑....요?

12. 휴게실 (낮)

탁구 시합. 구경꾼들 사이로 언뜻언뜻 보이는 가면 쓴 남자 일순, 특이한 서브를 구사하면서 상대방을 완전 제압하고 있다. 탁구대 반대편 구석에는 모여서 쉬는 환자들, 그 사이에 선 설미와 침대의 영군.

설미
(애처로워하는 표정, 영군의 볼을 쓰다듬으며)
우리 현주가 살았으면 딱 너만 할 텐데....
내가, 이 미친년이, 술 처먹고 목을 조르지만 않았어두....
(설미의 손길에 움츠러드는 영군.
설미, 애써 감정을 추스르며 일어나 영군이 잘 볼 수 있도록
침대 한쪽을 높인다.
칼로 그은 흉터가 여러 개 있는 설미의 손목)
저기 저 남자 분....저 아저씨....
(사람들에게서 떨어져 무릎을 모으고 바른 자세로 앉은
덕천을 가리키며)
경산서 농사짓다 오신 분이거든.
(주변 환자들, 솔깃해서 소곤거리고 마주 고개를 끄덕이며
귀를 기울이기 시작)
평생을 총각으로 살면서 주변에도 잘하구 그렇게 얌전했나 봐.
근데 그만 자기 손으로 받은 송아지를 사랑하게 된 거야.
이름이 정휘가 그래.
그래 가지구 정휘를 안방에 데려다가....말도 못하고 손도 없는 것을
자기가 그냥 다 세수도 시키고 티비도 같이 보고 그랬는데....
마을 사람들이 징그럽다고 병원에 넣은 거야.
아저씨는 정말 정신적으로만 정휘를 사랑한 건데....
(덕천, 사람들이 박수를 치면 자기는 경기가 보이지도 않으면서
머리 위로 박수)
저기 가면 쓴 남잔 말이야, 무지무지한 꽃미남이었대.
근데 군대에서 하도 성추행을 당해서 머리가....

(동정 어린 표정으로 손가락으로 머리를 가리키는 설미)

그래서 잘생긴 얼굴이 죄라면서 담뱃불로 지 얼굴을 죄 지져놓구....

(귀에다 소곤거리며)

그리구....자기 손으로 직접....항문을 꼬매버린 거야.

(문이 벌컥 열리며 진한 화장을 한 곱단, 들어선다. 깜짝 놀라는 설미)

아유, 저 놈 자식 꼭 저렇게 쿵쾅거리며 다녀....?

언제 내가 알아듣게 얘기해야겠다....화장만 한다구 여자 되니?

화장품이 가득 든 비닐가방을 영군 침대에 털썩 내려놓는 곱단, 기름종이를 꺼내 얼굴을 두드린다. 색깔이 완전히 변한 기름종이를 경악한 얼굴로 들여다보더니 구겨버린다.

곱단

아- 우울해.

(문득 발견한 영군을 뚫어지게 쳐다보다,

손가락으로 피부를 쓱 만져 점검)

애, 누구예요?

설미

(당황하여)

어? 몰라.

슬기, 식식거리며 다가온다. 설미, 슬그머니 침대에서 떨어진다.

슬기

오설미님! 환자를 이렇게 데리고 다니면 어떻게 해요?

설미

....몰라, 누가 맡기고 갔어.

(도리어 화를 내며)

아니 선생님은....정말 나한테 왜 이래?
나 아픈 거 모르는 것두 아니구....사람을 이렇게 곤란하게 하나?

핵 돌아서더니 쿵쾅거리며 가는 설미.

슬기
(침대 머리 부분을 내려주며)
....아줌마가 영군이한테 말씀 많이 하셨어?
(대답 없지만 다 안다는 듯)
근데 설미 아줌마 하시는....

설미
(갑자기 멈춰서 돌아보며)
그래, 다 거짓말이다!

움찔하는 영군. 얘기를 경청하던 환자들도 흠칫 놀라 수군거린다. 몸을 돌려 나가는 설미.

슬기
(한숨을 쉬며)
다 거짓말이야....“그래, 다 거짓말이다!” 그 부분만 빼고.
전기충격 치료를 받을 때마다 기억이 조금씩 없어져서....
그래서 얘기를 막 지어내는 경향이 있어서, 기억 대신에.

경기 끝난 듯 와아, 하는 함성. 손을 들어 환호에 답하는 일순, 가면을 벗
자 담뱃불 흉터는커녕 멀쩡하게 잘생긴 얼굴. 침대를 밀고 나가는 슬기,
일순에게서 눈을 못 떼는 영군. 의기양양한 일순, 영군을 발견하고 유심
히 본다.

13. 정원 (저녁)

저녁 먹고 병동으로 돌아가는 슬기와 준범, 노을빛을 받으며 나란히 걷는다. 이쑤시개를 물고 말하는 슬기.

준범
신환[1]은?

슬기
말을 안 해.

준범
싸이코틱 디프레션?[2]

슬기
외할머니가 분열증이었나 봐, 쥐라고 생각하셨대.

준범
시어머니가 무서웠대?

슬기
어떻게 알어?

준범
쥐 망상 환자를 두 명 봤는데 다 시어머니가 무섭다구 그러더라.

---

1) 새로 입원한 환자
2) 망상을 동반한 우울증

슬기

어떻게 시작해야 할지 모르겠어.

14. 여자 입원실 (밤)

어두운 실내. 다른 환자들은 다 잔다. 멍한 눈빛에 입은 헤 벌리고 누운 영군. 영군, 갑자기 입을 다물고 눈에 생기를 띠더니 주변을 살피면서 스르륵 일어선다.

슬기

(소리)

눈에 초점도 없고 손가락 하나 까딱 안 하고....휴우....

15. 3층 복도 (밤)

텅 빈 복도. 링거 병 스탠드를 끌며 걷는 영군. 환자복 위에 트레이닝복 상의를 걸쳐 입고 종이 쇼핑백을 들었다. 갑자기 탁 멈춰서는 영군, 고개를 척 든다.

16. 화장실, 화장실 앞 복도, 자판기 앞 (밤)

양치질을 마치는 일순, 복도로 나온다. 어디선가 중얼대는 소리 들린다. 황급히 벽에 착 달라붙는 일순, 도둑놈처럼 이리저리 살핀다. 소리 나는 쪽으로 조심조심 다가가는 일순.

영군

(소리)

야아, 너희들....나 왔어, 형광등 아기들아.

....못 알아듣는 척은 소용도 없어.

일순, 몸을 낮추고 소리가 나는 쪽을 향해 가면, 입에 틀니를 끼고 커피
자판기 앞에 앉은 영군.

영군
여기 형광등은 새침한 편인가 봐.
(일순, 낮은 포복으로 영군을 향해 다가간다.
신기한 듯 솜털마저 보일 만큼 가까이 얼굴을 들이댄다.
눈치 못 채는 영군.
자판기에 귀를 기울이며 고개를 끄덕이는 영군을 관찰하는 일순)
에이- 아무리 피곤해도 그렇지, 그렇게 인사성이 없으면 못쓰지.
넌 괜찮니, 하루 종일 일하고?
(영군 쇼핑백에 슬쩍 손을 넣는 일순,
전동칫솔과 치약이 나오자 주저 없이
제 이를 닦기 시작한다.
칫솔질하면서 계속 물건을 하나하나 꺼내보고 다시 넣는 일순.
10cm 남짓 전깃줄이 달린 컴퓨터 마우스, 만능 돼지코, 플라스틱
도시락통에 가득한 건전지들,
요일팬티 세트, 빨간 벨벳으로 된 틀니 케이스)
아, 그래? 그럼....율무차로 부탁해볼까나?
(컵 떨어지는 구멍에 얼굴을 바짝 갖다 붙이고 하염없이 기다리는 영군.
보다 못한 일순, 일어나 '율무차' 버튼을 눌러준다, 종이컵 떨어지고
음료수 나오는 소리)
고맙데이.
(컵을 꺼낸다. 전동칫솔 도로 넣어놓고 가버리는 일순.
영군, 두 손으로 따뜻한 컵을 감싸고 곰곰 생각해보더니)
....병실에 형광등 애들은 좀 붙임성이 있을라나? 밤엔 쉬니까.

17. 여자 입원실 (밤)

다른 환자들은 다 잔다. 영군의 침대 머리맡에만 독서등 켜졌다.

영군

(틀니를 끼고 고개를 뒤로 젖힌 채 독서등을 향해)

그럼 처음부터 알고 있었단 말야, 니가 형광등인지?

(잠시 귀를 기울였다가)

나는 내가 싸이보그라는 걸 살면서 알았거든?

하얀맨들이 와서 앰뷸런스에 할머니를 태우고 가 가지구....

18. 골목 (낮) - 과거

할머니를 태우고 가는 앰뷸런스의 뒷모습. 틀니를 들고 막 울면서 자전거 타는 영군, 결국 멈춘다. 차창을 내다보는 할머니, 뭔가 말하는 입 모양. 입술을 읽으려고 집중하는 영군.

영군

(소리)

틀니 빼놓구 가서, 틀니 줄려구 쫓아가는데

틀니가 있어야 무를 잡수신단 말야, 우리 할머니 쥐잖아.

근데 자전거가 와서 나를 태우고 쫓아가는데....

19. 여자 입원실 (밤)

씬17 연결.

영군

자전거가 앰뷸런스를 못 이긴단 건 삼척동자도 알잖아.

그래서 내가 막 울었더니 자전거가 이러잖겠어?

"싸이보그는 다 이긴다, 너는 싸이보그면서 그런 것도 모르냐?"

물론 난 원래부터 알은척을 할밖에.

하지만 문제는 내가 현실적으로 앰뷸런스를 따라잡을 수 없다는 거였어.

그래서 내가 자전거한테 뭐라고 했는지 좀 물어봐줄래?

20. 3층 복도 - 시계 앞 (낮)

오동나무 괘종시계에 거만한 자세로 팔을 얹고 기대선 영군.

영군

(피식 비웃으며)

"....육-실헐 놈.... 빳데리가 떨어졌잖아, 이 붕-신아...."

(자세를 바꾸고)

과연 그래서, 내가 교육방송 청취하구 충전을 도모했잖아, 공장에서.

(신을 벗고 발을 들어 엄지발가락을 가리키며)

여기까지 불이 들어와야 충전 완료거든....봐봐, 지금 거의 엥꼬잖아.

21. 3층 복도 - 공중전화 앞 (밤)

송수화기를 든 영군. 얇고 창백한 남자 환자, 연신 딸꾹질해가며 뒤에 서서 차례를 기다린다.

영군

(송수화기에서 들리는 뚜- 소리에 아랑곳 않고)

방송에서 하란 대로 충전을 했더니 앰뷸란스가 일루 데꾸 오더라.

(멀리 뒤에서 걸어와, 영군 뒤에 서서 엿듣는 곱단)

근데 말이야, 나는....기계치고는 사용설명서두 없구,

라베루 같은 거두 안 붙어 있구....

아직도 몰라, 내 용도가 뭔지.... 왜 만들어졌을까, 난?

곱단

(목소리를 낮춰)

너 점심밥 안 먹었지?

놀라 돌아보는 영군.

잠시 후-
영군의 어깨를 감싸고 걷는 곱단.

곱단

(비밀스럽게 속삭이며)

너, 그래 가지구선 못 굶어 죽는다....

식당 아줌마들이 다 체크하거든, 밥 먹는 거.

저번에도 너 같은 애가 와서 굶어 죽겠다구 기세가 등등했는데....

병원이란 데가 말이야, 밥 먹이는 약이 있거든.

교수님, 박사님들 모여서 어떻게 하면 밥 먹일지 회의두 하구....

사람들 많은 데서 입으로 코로 밥을 막 집어넣으면 속상하지 않겠어?

그래 갖구 걔 지금두 밥 잘 먹구 시퍼렇게 잘 살아 있잖아, 너무 안됐지?

그래서 말인데....언니가 도와줄까?

22. 식당 (밤)

각자의 식판을 앞에 두고 마주 앉은 곱단과 영군. 자기 식판과 영군의 식판을 오가며 열심히 먹는 곱단. 도시락 통을 열어 건전지를 하나 골라 드는 영군, 눈을 감고 전극을 혀끝에 살짝살짝 대어 찌릿찌릿 느끼며 움찔움찔 좋아하다 양손 집게손가락에 침을 묻혀 건전지를 집어 들고 눈을 감는다.

23. 여자 입원실 (밤)

각자 자기 용무를 보는 환자들. 아래에서 위로 두드려주듯이 수분크림을 바르는 곱단, 눈을 지그시 감고 리드미컬한 손놀림 점점 빨라지며 접신한 듯 기합까지 넣는다. 뛰어 들어와 침대에 올라앉는 영군.

영군

(신이 난 목소리로 노래를 부르며)

방송~ 방송~ 방송~
(한 손으로 독서등을 켜고)
너도 들어 봐, 좋은 말씀이 심심치 않게 많아.

쇼핑백에서 자작(自作) 라디오를 꺼내 스위치를 누른다. 노이즈가 심하
다. 소리를 줄인다. 틀니를 빼서 협탁 위에 올려놓는 영군, 가부좌로 앉
은 뒤 주머니에서 건전지 꺼내 양손 집게손가락에 침을 묻혀 잡고 눈을
감는다.

아나운서

(소리)

명상의 시간....

(눈을 뜨고 안테나를 올리는 영군.
안테나 계속 나와 천장에 닿는다, 환자들 다 쳐다본다.
다시 자세를 잡고 앉는 영군)

한밤중에 일어나, 냉장고 소리에 귀 기울여보겠어요.
추운 겨울 아침, 밤새 돌았던 보일러를 느껴보겠어요.
이들이 눈물겨운 것은 존재의 목적이 있기 때문.

영군

(중얼거리며)

냉장고....귀....겨울....아침....보일러....존재....목적....

아나운서

(소리)

생각하라....저 등대의 거룩하고 아름다운 사랑의 마음을.

영군

(중얼거리며)

등대....사랑....마음....

아나운서

(소리)

....다음 시간에 계속.

영군

(라디오를 끄고, 탄식하듯)

나도 존재의 목적 한 개만 있었으면!

24. 야외 치료실 (낮)

봄 햇살이 따사롭다. 가운을 입지 않은 슬기와 준범, 환자들과 둥글게
의자를 놓고 모여 앉았다. 수간호사와 간호사1도 보인다. 망가진 다리
를 반창고로 붙이고 한쪽 알에 금이 간 안경을 쓴 대평, 겁먹은 눈으로
이쪽저쪽 살피는 덕천. 멍한 표정으로 미동도 없이 앉은 영군, 가면 너
머로 영군을 뚫어지게 보는 일순.

슬기

자, 그러면 안정실이 어떤 곳인지, 어떤 때에 가는지 아시는 분,

얘기해주시겠어요?

....일순님, 가면 좀....응?

(순순히 가면을 벗는 일순)

곱단님, 좀 설명해주시겠어요?

곱단

(거의 자동으로, 억양 없이)

우리 병원에서 안정실 제도를 운영하고 있는 것은요,

다른 환자분들에게 불편을 끼치거나 안전상 문제가 될 때

그리고 병의 치료에 불가피하다고 판단될 때 환자분 동의를 얻어서

들어가시도록....

대평

(말을 자르며)

동의는 무슨....내가 동의 못 한다니까
동의할 때까지 안정실에 들어가 있으라고 안 그랬습니까?

슬기

(얼굴이 빨개지며)

대평님, 이유도 없이 다른 환우분을 때리시고 그러면
안정실에 들어가야 된다고 전부터 말씀드렸잖아요?

대평

(벌떡 일어서 일순을 향해 손가락질하며)

일순놈은 도둑님이란 말입니다!

덕천

(옆자리의 규석에게)

인신공격이 아닐까요?

대평

공격이 아닙니다! 수비입니다!
아주 중요한 것을 도둑맞았단 말씀입니다!

슬기

무엇을 도둑맞으셨을까요?

대평

저의....탁구입니다.

환자들, 술렁인다.

25. 휴게실 (낮)

준범과 일순이 탁구를 친다. 가면을 쓴 일순, 연신 제자리에서 뛰고 기합을 넣는다.

일순
(서브를 넣으며)
뭐만 없어지면 나한테 찾지.

준범
(리시브하며)
그게 아니라....

일순
안 훔치면 뭐해요?
어차피 내가 훔쳐간 줄 아는데.

준범
그게 아니라....

일순
그래서 날마다 엄마가 울었잖아요!

일순, 분노를 표출하듯 강력하게 스매싱한다.

26. 야외 치료실 (낮)

씬24 연결. 흥분해서 떠드는 대평, 흥미가 생기는 듯 눈동자를 돌려 일순을 보는 영군.

대평
제가 간단한 리시브조차 못하게 된 반면,
박일순 저자는 아무도 못 받을 강력한 스매싱을 마구 구사한단
말입니다!

슬기
(충분히 있을 수 있는 일이라는 듯)
....아, 대평님은 탁구를 도난당하셨나 봐요.

곱단
(손을 번쩍 들며)
나도 도둑맞았어요.
(일제히 주목하는 사람들)
한 달쯤 전이었나요?
갑자기 식욕이 싹 사라져서 밥을 못 먹겠는 거예요.
그러니 피부 탄력이 어땠겠어요?
근데 일순님이 와서 제 밥까지 다 먹어버리는 게 아니겠어요?
일주일 만에 입맛을 되찾았으니 망정....

규석
(끼어들며)
제 허리 고무줄을 일주일씩이나 훔쳐갔던 자도 저자입니다!

슬기
파자마 고무줄 말씀인가요?

규석
(아무것도 묶여 있지 않은 자기 허리를 보이며, 답답하다는 듯)
제가 날 때부터 허리에 묶고 나왔던 살색 고무줄이요!

덕천

(옆자리의 설미에게)

파자마를 입고 태어났다는 말씀일까요?

설미

그럼 저의 기억도 일순님이 훔쳐간 거니....

(슬기한테 말하다 일순한테 고개를 돌리더니 손가락질하며 버럭 고함)

이 호로새끼야?!

모조리 일어나 일순을 손가락질하며 비난하는 환자들. 고개를 숙이고 거울에 사람들을 비춰보는 은영. 차가운 미소를 짓는 일순, 무표정하게 일순을 보는 영군.

27. 휴게실 (낮)

씬25 연결. 일순의 스매싱을 못 받는 준범. 소파 뒤로 공 굴러간다. 쇼핑백을 안고 숨어 있던 영군, 잔뜩 움츠린다. 준범이 공을 가지고 가자 다시 머리를 내미는 영군, 둘의 대화에 귀 기울인다.

준범

(탁구채 내려놓고)

얼굴 보고 얘기하자, 일순.

(선선히 가면을 벗는 일순)

얘기했잖아, 엄마는 너 때문에 집 나간 게 아니....

일순

그런 여자가, 응?

(주머니에서 주먹만 한 하트 모양의 보석 상자를 꺼내 열어 보인다.

뚜껑 안쪽에 붙은 어떤 여자의 사진)

집 나간 담에 전화를 딱 한 번밖에 안 해요? 자기 전에 꼭 이 닦으라고?!

(분을 삭이고 상자를 다시 주머니에 넣으며)
좋았어, 좋아, 좋아좋아, 좋아요, 인정!
어젯밤에 목요일을 훔쳤어요.

준범
누구 목요일?

입을 딱 다물고 가면을 도로 쓰는 일순.

28. 3층 복도 (낮)

느릿느릿 걸어오는 영군.

영군
(혼자 중얼중얼)
어허- 사람이 어떻게 목요일을 훔치나?

갑자기 서서 쇼핑백에서 요일팬티 세트를 꺼내보는 영군, 감탄한다. 서둘러 도로 집어넣고 다다다 뛰어간다.

일순
(소리)
....니 탁구 가져가.

29. 화장실 (낮)

칸막이 안. 뒤로 돌려세운 대평의 입을 막고 벽에 밀어붙인 일순, 등 뒤에서 뭔가를 돌리는 듯한 손놀림.

일순

(귓엣말로)

쳐보니까....자꾸 오른쪽 궁뎅이가 가렵드라.

가면을 구겨 쓰레기통에 버리는 일순.

30. 3층 복도 - 자판기 앞 (낮)

팬티 세트 - 노란색 수요일과 파란색 금요일 팬티 사이에 있어야 할 초록색 목요일이 안 보인다.

영군

(틀니를 끼고 자판기 앞에 딱 붙어 서서 내밀한 이야기를 하듯 소곤대며)

여기 목요일 빠졌잖아....

(팬티 세트를 쇼핑백에 다시 넣고, 부끄러운 듯 제 엉덩이를 치며)

아유- 월요일은 여깄지, 이 사람아.

(흐뭇한 듯)

**아뿔싸....딱 몰랐잖아, 솜씨가 보통이 아니셔....귀인이 나타난 게야....
차근차근 알아봐야겠어, 그 도둑놈.
....왜냐면 내가 지금, 누가 훔쳐가줬으면 하는 게
하나쯤 있긴 있단 말인데....후훗.**

틀니를 빼고, 참지 못하겠다는 듯 음흉하게 웃는 영군.

31. 식당 (낮)

공손히 눈을 내리깐 덕천과 마주 선 곱단, 불쾌하다는 표정이다. 경쾌한 걸음으로 뒤에 와 서는 일순, 그 뒤로 은영 도착. 어디선가 스르륵 나타난 영군, 거리낌 없이 파고들어 일순 뒤에 선다. 자리 뺏긴 은영, 조용히 일순 앞에 가 선다. 영군, 일순의 일거수일투족을 관찰한다. 줄이 움직이기 시작하자, 뒤로 걷는 덕천.

덕천
(아주머니1이 국그릇을 식판에 올려주자 정중하게 고개 숙여 인사하며)
....오늘도 고맙습니다.

일순
(소리. 덕천을 주의 깊게 관찰하며)
그는 예의가 바르다.

덕천
(아주머니2가 밥을 퍼주자)
이거 어떻게 감사해야 할지....

식판을 들고 종종거리며 뒤로 걸어 식탁으로 가는 덕천.

일순
(소리)
너무 겸손해서 차마 앞으로 걷지도 못한다.
궁중 예법이 그렇대나?

덕천, 얼른 식판을 테이블에 놓고 곱단과 영군을 위해 의자를 빼준다.
맞은편에 앉는 일순. 왕성한 식욕으로 자기 식판과 영군의 식판을 오가
며 먹는 곱단. 흘릴세라 소리 날세라 조심하며 먹는 덕천. 쇼핑백에서
도시락통을 꺼내는 영군, 눈을 감고 건전지 끝을 살짝살짝 맛보며 좋아
하다 침 묻힌 양손 집게손가락으로 잡고 눈을 감는다.

덕천
(안타깝게 영군을 바라보다)
혹시 저 때문에....밥맛 떨어지신 건 아닌지....

눈을 살짝 뜨고 덕천을 응시하는 영군, 보란 듯이 다시 건전지 끝을 찌릿 찌릿 맛본다.

일순

(소리)

뭐가 잘못되면 무조건 자기 탓이라고 생각한다.

곱단

(영군의 밥을 큰 숟가락으로 떠먹으며)

어떻게 이런 걸 먹으라구 주는지, 원....

32. 휴게실 (낮)

대평과 준범의 탁구시합. 쉴 새 없이 제자리 뛰기 하면서 기합을 넣는 대평, 특유의 서브 자세를 취한다. 일순과 눈이 마주치는 대평, 갑자기 오른쪽 엉덩이가 가려운 듯 움찔거린다. 탁구를 치면서 왼손으로 긁어보려 하지만 손이 닿지 않는다. 독려하는 환자들. 대평, 도저히 참지 못하고 탁구채를 내던진다. 놀라는 환자들. 뛰쳐나가는 대평. 걱정스러운 얼굴로 황급히 뒤로 걸어 따라나서는 덕천. 일어서서 따라가는 일순. 쇼핑백을 멘 영군, 소파 뒤에서 쓱 나와 일순을 따라간다.

33. 원예 치료실 (낮)

식물로 가득한 비닐하우스. 밖에서 문을 노크하는 덕천이 비닐 너머로 보인다.

덕천

....계십니까?

바지를 내리고 엉덩이를 긁고 있던 대평, 신경질적으로 돌아본다.

대평

뭐요!

덕천

(문에 입을 대고)

혹시 저 때문에....지신 건 아닌지....

밖에 서서 엿듣는 일순, 또 그 뒤에 서서 일순을 훔쳐보는 영군.

일순

(소리)

....이런 식이다.

34. 도로 (낮) - 과거

전복사고 현장. 피투성이가 되어 차에서 빠져나오려고 안간힘을 쓰는 운전자. 구해줄 생각은 않고 옆에 서서 명함을 나눠주고 연신 굽실대며 사과하는 덕천.

일순

(소리)

우연히 교통사고 현장을 지나치던 덕천씨는 사고가
자기 탓이라고 확신했다.
피해자들에게 사과를 한다고 쫓아다니다
견디다 못한 피해자 가족의 신고에 의해 병원에 들어오게 되었다.

35. 원예 치료실 (낮)

씬33 연결. 바닥에 나란히 앉은 두 사람.

대평

(짜증을 내며)

아, 글쎄 덕천님 때문이 아니라....내 탁구....탁구가 안 되잖아요,
가려워서....

일순

(소리)

하나 마나 한 소리를 하는 데 선수인 덕천씨.

덕천

(뒤춤에서 조심스레 대평의 탁구채를 꺼내)

탁구란, 공을 주고받는 경기가 아닐까요?

(탁구채를 대평 손에 쥐어주며)

저는 아니라고 봅니다,

제아무리 탁구라고 해서 꼭 공을 주고받아야 하는지....

(탁구채로 찰싹 소리가 나게 뺨을 때리는 대평. 덕천, 뺨을 감싸 쥐고)

....역시 저 때문이었군요.

(잠시 말이 없다.

커다란 화분 뒤에서 나타난 고양이, 야옹하며 울더니
뒷발로 턱을 긁는다.

뭉게뭉게 날리는 털을 역광으로 보면서 크게 한숨을 내쉬는 덕천)

고양이란 놈은 무엇보다도 털....짐승입니다.

확 돌아보는 대평, 움찔 놀라는 덕천.

대평

실은....저희 집사람도 털이....

놀라 다가가는 두 사람. 풀쩍 뛰어내리는 고양이, 뛰어나간다. 넋 나간
대평, 따라간다.

36. 산책로 계단 (낮)

계단을 뛰어 올라가는 고양이, 황급히 뒤쫓는 대평, 능숙하게 뒤로 올라가는 덕천, 사이를 두고 천천히 뒤따르는 일순, 쇼핑백을 메고 살금살금 올라가는 영군.

대평
(소리)
마누라 털이 그렇다보니 제가 발기부전이 온 것은 당연하지 않습니까?

37. 대평의 집 (낮) - 과거

딸아이의 머리를 빗겨주는 아름다운 손과 빗.

대평
(소리)
....곧 사법부에서 연락이 옵니다.
집사람을 고소했거든요....
털괴물이라는 사실을 속이고 결혼한 거니까요.

아이가 나가자 소매를 걷어 올리는 아내의 손, 무성한 털을 정성껏 빗는다.

38. 병동 계단 (낮)

힘없이 계단을 오르는 대평, 나란히 서서 뒤로 올라가는 덕천, 사이를 두고 올라가는 일순, 살금살금 쫓는 영군.

대평
경찰관의 발기를 막는다는 건....
공무집행 방해에 해당되죠.

39. 3층 복도 (낮)

문득 돌아보는 일순, 미행자 영군을 발견한다. 당황하며 우왕좌왕하는 영군, 몸을 돌려 꺾어진 복도로 사라진다. 뚜벅뚜벅 걸어오는 일순. 숨을 데를 찾아 허둥대는 영군. 일순, 모퉁이를 돌아서자, 괘종시계 하단 캐비닛으로 반쯤 들어가고 있는 영군 보인다. 발소리가 멈추자 영군 움직임도 멎는다. 아주 불편한 자세로 죽은 듯이 가만히 있는 하반신. 옆에 서서 내려다보는 일순, 침묵이 흐른다. 영군, 딸꾹질을 시작한다. 괘종시계의 초침 움직임에 맞춰, 딸꾹딸꾹.

일순
(다시 돌아서, 가던 길 가며)
싸이코....

영군
(여전히 상반신을 시계 안에 넣은 채, 울리는 소리로)
싸이코가 아니라요, 싸이보근데요.
(마음속 소리로)
아차, 말해버렸네....엄마랑 약속했는데!

40. 식당 (밤) - 과거

쪼그려 앉아 돼지 부속을 다듬는 엄마, 창자에 당면을 채우는 아줌마 둘. 조용히 엄마 옆으로 다가가 앉는 영군.

영군
(조심스럽게)
엄마, 나....싸이보근가 봐.

엄마
(천천히 몸을 일으키며 한참 동안 영군을 뚫어지게 본 다음)

그게 뭔데?

영군
글쎄....로보트 비슷한 건가....

엄마
(주변을 살피더니 영군을 끌어 구석으로 데리고 가며)

....어디 몸 이상한데 있어, 싸이보라서?

(고개를 젓는 영군)

뭐 먹고 싶은 건 없고?

무라든가....

(고개 젓는 영군을 빤히 보며 잠깐 생각하다)

그럼 됐어, 알았으니까....가서 자.

다른 사람들한텐 말하지 말고....

(뭔가 할 말이 남은 듯 우물쭈물하는 영군의 어깨를 잡고
눈을 들여다보며)

괜찮아, 싸이보라두....사는 데 지장 없어.

남들 모르게만 하면 돼....

(돼지 부속으로 돌아가는 엄마, 울상이 된 영군)

엄마가 식당 하는데 딸이 싸이보라 그러면 누가 먹으러 오겠어?

41. 여자 입원실 (밤)

틀니를 끼고 침대에 앉아, 마우스를 쓰다듬으며 라디오를 듣는 영군.

아나운서
(소리)

....싸이보그여, 당신은 지금 할머니를 생각하나요?

영군

그렇구말구요.

아나운서

(소리)

설마 슬퍼하는 건 아니겠지요?

영군

천만에 만만에요.

아나운서

(소리)

할머니도 싸이보그를 생각합니다.
그는 왜 아직 하얀맨들을 죽이지 않는가. 할머니를 억지로 끌고 간
하얀맨들을 다 죽이고 틀니를 전해주러 오지 않는가.

영군

저기....힘이 없어서요.
아무래도 지금의 충전 방법은 한계가 있는 게 아닌가....

아나운서

(소리)

동정심 때문이 아니길 바라겠어요.
동정심이 칠거지악 중 으뜸이라는 사실은 알고 있겠죠?

영군

(손을 내저으며)

동정심은 절대 아니랍니다.

아나운서

(소리)

참고로 나머지 여섯 가지는 다음과 같아요.
슬픔에 잠기는 것, 죄책감, 망설임, 쓸데없는 공상, 설레임,
감사하는 마음.
이상, 순서는 나쁜 순서대로였어요.

영군

(한숨을 쉬며)

네에.

아나운서

(소리)

하얀맨에게도 할머니가 있지 않을까 하는 '쓸데없는 공상',
하얀맨들이 죽으면 그 할머니들은 어떡하나 하는 '동정심' 때문에
차마 죽이지 못하는 '망설임'을 가져선 안 되겠어요.

기계음으로 이루어진 클로징 음악. 마우스를 꼭 껴안고 괴로운 듯 이상한 소리를 내며 침대에 몸을 던지는 영군.

42. 화장실 (밤)

환히 밝혀진 실내.

일순

(소곤소곤, 소리)

....가만있어 봐요, 안 아파요.

칸막이 안. 초록색 물감을 칠하고 눈을 감은 덕천, 의자에 앉았다. 얼굴을 덮은 마분지. 움찔움찔하는 덕천.

일순

(마분지에 손을 올려놓고 속삭이며)

....이제 다 됐어요, 내가 가져갈게요.

(마분지를 떼어내면 거기 선명히 새겨진 덕천의 얼굴 윤곽)

....딱 소리가 나면 다섯을 세고 불을 끄고 나오세요.

(덕천의 어깨를 두드리며)

어렵지 않죠?

손가락을 퉁겨 딱 소리, 나가는 일순.

덕천

하나....둘....

43. 3층 복도 - 화장실 앞 (밤)

가면을 쓰고 침착하게 뒤로 걸어 나오는 일순. 졸다가 놀라 깨는 영군.

덕천

(소리)

셋....넷....다섯....

찰칵 소리와 함께 실내등 꺼진다. 녹색 얼굴의 덕천, 아무 일 없는 듯 느릿느릿 앞으로 걸어 나온다. 숨어서 보던 영군, 입을 딱 벌린다.

일순

(소리)

안녕하세요?

44. 3층 복도 (아침)

가면을 쓰고 활기차게 뒤로 걷는 일순. 의아한 듯 걸음을 멈추고 돌아보는 환자와 의료진들.

일순

(돌아보며)

좋은 아침이잖아요, 예?

(지나가던 환자와 부딪히자 냉큼 달라붙으며)

....어이구, 죄송합니다, 괜찮으세요....?

괜찮은 거 확실하세요? 정말?

45. 남자 입원실 (낮)

이불을 둘둘 말고 침대에 앉아 울먹이는 초록 얼굴 덕천. 간호사1, 물수건으로 얼굴을 닦아준다. 둘러싼 환자와 간호사들.

덕천

....저에겐 꿈이 있었어요.

폐 끼친 분들을 모두 찾아뵙고 보상을 하는 건데....

사람은 누구나 폐를 끼치면 보상을 해야 돼요.

(간호사2, 휠체어를 밀고 입원실로 들어온다.

덕천, 가까스로 울음을 참으며)

근데 이제 인사를 몽땅 잃어버렸으니 제가 무슨 수로 사과를 하나요?

보호사들, 덕천을 들어 휠체어에 앉힌다.

간호사1

어디서 잃어버렸는지 기억 안 나세요?

덕천

(고개를 마구 흔들며 오열)

당신들이 폐 끼친 기분을 알아?

....이 씨발년아!

자기가 말해놓고 놀라 손으로 입을 가리는 덕천.

46. 휴게실 (밤)

어둡다. 정수기 앞에 선 일순, 주전자에 물을 받는다. 돌아서면, 마우스를 쓰다듬며 일순을 보고 선 영군.

일순

으악!

영군

훔쳐주세요, 동정심을, 목요일처럼.

일순

동정심?

(분노로 이글거리는 눈동자로 노려보며)

그게 뭔데?!

영군

(기어들어가는 목소리로)

....죽여야 되는데 못 죽이는 맘인데요.

(일순이 못 알아듣는 것 같아 안절부절못하며)

자꾸 생각이 나는 거예요, 하얀맨들을 딱 죽였는데

하얀맨들한테도 할머니가 있으면 어떡하나....막 불쌍하고....

일순

(뒤로 걸어 영군의 옆에 가 서며)

아가씨....상대방한테 말을 할 땐 상대방이 알아듣게 말을 해야 돼요.

영군

그니까 동정심은....

(갑자기 눈물이 그렁그렁해지며)

엄마하구 큰이모하구 큰이모부는 정말 그러면 안 되는 거잖아요.
사람들이 왜 그렇게 동정심이 없어요!
자기가 쥐이고 싶어서 쥐인 사람이 어딨어요!

일순

(주머니에서 보석 상자를 꺼내 엄마 사진을 보이면서 버럭 고함)

엄마 얘긴 하지두 마!

영군

(훌쩍이며, 모기만 한 소리로)

죄송합니다.

일순

그리구 뭘 훔쳐달라고 자꾸 부탁을 하면, 그게 훔치는 게 아니잖아.
주는 거 받아오는 거지!

영군

그러면 어쩌지요?

일순

(덕천 자세로 돌아와, 앞짐을 지고 뒤로 서성이며)

나란 사람은....
다른 사람한테 뭘 훔치려고 할 때

그 사람 몰래 며칠이고 지켜봐야 되는 사람이에요.
그렇게 할 수 있겠어?

영군

두말하면 잔소리죠.

일순

지켜보면서....
그 사람한테서 훔치고 싶은 뭔가를 발견해야 훔치고 싶은 마음,
즉 '훔치심'이 생기는 거지.
그런 사람이 될 수 있겠어요?

영군

(기어들어가는 소리로)
믿어주세요....

일순

훔치심이 생겨서 훔치고자 할 때....
그 사람이 싫어하는데도 훔쳐야만, 그 훔침이 완성되는 건데....
그런 영군이 되어줄 수 있겠어요?

영군

(마우스를 쥔 두 손을 모아)
꼭 싫어할게요....간절하게 부탁드려요.

빠르게 뒤로 걸어 순식간에 나가버리는 일순. 기겁해서 따라가는 영군.
뒤로 걷는 일순을 따라가는 영군. 이쪽저쪽으로 고개를 돌려, 뒤로 걷는
자기 모습을 확인하는 일순.

일순

앞으론 내 뒤를 따라다니기 힘들겠습니다 그려?

음하하하 웃으며 멀어지는 일순.

47. 배구코트 정원 (낮)

멀리 보이는 영군, 틀니를 끼고 가로등에 바짝 붙어 탑돌이하듯 천천히 돈다. 가로등과 무슨 심각한 대화를 나누는지 손짓발짓해가며 열심이다.

일순

(소리)

위낙에 말이 없는 그는.... 틀니만 끼면 갑자기 떠든다.... 기계들하구.
(환자와 함께 산책하거나 운동하는 의사, 간호사들.
지나는 의료진을 향해 일일이 손을 내밀며 걷는 영군.
친절하게 웃으며 마주 손을 내미는 의료진들.
막상 악수하려고 하면 울상이 되어
재빨리 손을 빼는 영군.
나무 뒤에 숨어 거꾸로 뛰어 옮겨 다니며 영군을 좇는 일순)
사람한테는 악수를 청하는데....
몹시도 악수를 하고 싶어 하다가 갑자기 하기 싫어한다.
(덩치 큰 남자 의사가 손을 덥석 잡아 마주 흔들자, 거칠게 손을
뿌리치는 영군,
화가 난 듯 얼굴이 빨개지며 가버린다.
쓰레기통 뒤에 숨은 일순, 영군을 관찰한다)
악수가 싫으면 손은 왜 내밀까?
(이내 힘이 빠지는 듯 벤치에 주저앉아,
기진맥진한 얼굴로 눈을 감는 영군)
뭘 했다고 저렇게 기운이 없어 할까?

48. 식당 (밤)

눈을 감은 채 건전지를 잡고 앉은 영군. 곱단이 입맛을 쩝쩝 다시며 영군의 반찬을 집어 먹는다. 영군, 한쪽 눈을 반쯤 뜨고, 세 개 있던 동치미 무가 하나씩 사라지는 것을 아쉬운 듯 본다. 건전지를 맛본 뒤 다시 눈을 감고, 무 씹는 아삭아삭 소리를 듣는 영군. 식당 입구에 숨어 영군의 모습을 훔쳐보는 일순.

일순

(소리)

....밥을 안 먹으니까 그렇지.

안 먹을 거면 왜 식당에 와서 밥을 타놓는 걸까?

살금살금 다가가는 일순, 영군의 가방에 손을 쓱 넣는다.

49. 3층 복도 - 자판기 앞 (밤)

대문 달린 성(城) 모양의 가면을 쓴 일순, 자판기 앞에 섰다. 사람들이 지나다닌다. 주변을 둘러보고 아무도 없는 것을 확인한 후, 자판기에 팔을 짚고 기댄다. 가면의 대문을 열어 입에 튤니를 끼운다.

일순

(헛기침 한 번 하고)

커피.

(잠시 기다렸다가 가면의 문을 열고)

....블랙.

반응 없다. 조용하다.

50. 여자 입원실 (밤)

독서등 켜는 영군, 틀니 케이스를 연다, 비었다, 깜짝 놀라 쇼핑백을 뒤진다, 울음을 터뜨리며 뛰쳐나간다.

51. 3층 복도 (밤)

뛰는 영군, 눈물 글썽이는 눈으로 이쪽저쪽을 둘러보고 잠깐씩 멈춰 서서 구석마다 살핀다.

영군

형광등아....자판기야....공중전화야.....딸꾹 시계야....
우리 할머니 틀니 못 봤니.... 틀니가 있어야 니들이 알아들을 텐데....
아~ 이것 참.... 틀니를 찾을라면 틀니가 꼭 필요한데....

수색을 포기하고 철퍼덕 주저앉는 영군, 주머니에서 건전지를 꺼내 빤다. 약효가 없는지 던져버리고 다른 것을 꺼낸다. 이것저것 마구 맛보고 집어던지기를 반복한다.

52. 남자 입원실 (밤)

어두운 가운데, 일순의 머리맡에 독서등. 벽에 종이를 대고 왼손으로 삐뚤빼뚤 대문짝만 한 글씨를 쓰는 일순.

일순

(소리)

차영군님은.....

53. 3층 복도 (밤)

씬51 연결. 겨우 찾아낸 새 건전지를 아기처럼 쪽쪽 빨고는 움찔거리며 훌쩍이는 영군.

일순

(소리)

....밥을 안 먹습니다.

54. 남자 입원실 (밤)

씬52 연결. '차영군님은 밥을 안 먹습니다.' 아래에 '추신, 먹는 것은 왕곱 단입니다'라고 쓴 다음 마침표를 찍는 일순, 쪽지를 곱게 접는다.

55. 야외 치료실 (낮)

둥글게 모여 앉은 슬기와 환자들. 영군 혼자 훌쩍거리며 운다. 간호사1, 달래주려고 하지만 손길을 뿌리친다.

슬기

오늘 차모임 시간에는 '가장 힘들었던 이별'에 대해
얘기하고 있는데요....

(삐딱하게 앉은 덕천을 발견하고)

이번에는 덕천님, 말씀해주시겠어요? 자....

(약간 톤을 높여, 노래하듯)

'내가 가장 힘들었던 이별은?'

모두 덕천을 주목하는 틈을 타 슬기의 가운 주머니에 슬쩍 쪽지를 찔러 넣는 일순.

덕천

(노래하듯)

'내가 가장 힘들었던 이별은'....니미 뿅!

일순

·(좌중이 조용해진 가운데 손을 들고 붙임성 있게 나서며)
제가 할까요, 선생님?

슬기

(건성으로)
'내가 가장 힘들었던 이별은?'

일순

'내가 가장 힘들었던 이별은'....
(모두의 시선을 의식하며)
열다섯 살 때 어머니가 집을 나가시면서....
(주머니에서 보석 상자를 꺼내 엄마 사진을 모두에게 보이며)
화장실에 있던 전동칫솔 가족 세트를 다 가지고 가버린 것입니다.
그 후로 전 도둑이 된 것입니다.

단호하게 입을 다무는 일순, 상자를 딱 닫는다. 슬퍼해줄 준비를 하고
있던 슬기와 환자들, 어리둥절해진다.
일순, 영군의 쇼핑백에 틀니를 몰래 넣다가 마침 돌아보는 영군과 눈이
딱 마주친다. 일순, 얼어붙는다.

영군

이....도둑놈아!

두 손을 벌려 들고 일순을 향해 발작하듯 흔드는 영군. 주변의 환자들과
의료진, 영군을 진정시키려고 붙잡는다.

56. 화장실 (낮)

덕천을 벽에 밀어붙인 일순.

일순

인사 가져가요, 아저씨.

(덕천의 등 뒤에서 뭔가를 돌리는 듯한 손놀림)

뒤로 걷는 거랑, 하나 마나 한 소리 하는 거, 다....

덕천

(저항하며)

아이, 왜에....싫어....

일순

(손놀림을 멈추고 짜증내며)

다른 사람이 뒤를 따라올 수가 없잖아!

57. 보일러실 (밤)

바닥에 놓인 라디오에서 나오는 잡음. 틀니와 마우스를 나눠 쥐고 보일러에 기대 잠든 영군, 눈물로 얼룩진 얼굴.

아나운서

(소리)

방금 들어온 속보를 전해드리겠어요.

눈을 번쩍 뜨는 영군.

58. 1층 복도 - 보일러실 앞 (밤)

앞으로 걸어 복도를 지나가는 일순, 뒤를 홱 돌아본다. 아무도 안 따라온다, 어깨가 축 처진다. 갑자기 보일러실 문이 벌컥 열리더니 팔이 쑥 나와 일순을 잡아채 들어간다.

59. 보일러실 (밤)

눈물범벅이 된 영군, 한참 이야기하지만 하도 숨이 넘어갈 듯 울어대는 바람에 알아듣기 어렵다.

일순
(영군의 어깨를 붙잡고 주의 깊게 입 모양을 보며)
"훔쳐....주세요....도저히....못 하겠어요"?
(열심히 고개를 끄덕이고 울면서 말하는 영군)
"하얀맨....들을 죽여야 되는데....할머니가....위축"?
(고개를 흔들며 다시 말하는 영군)
"위독하세요....하얀맨들은 할머니가 물을...."
(고개를 흔드는 영군)
아, "무를....먹는 걸 싫어해요, 그래서 틀니를 못 주게....막는 거예요.
우리 할머니....무를....얼마나 좋아하는데....
몽땅....죽어야 돼요....육실헐 놈들....
제발 동정심 좀....훔쳐가주세요.... 일순님"?
(맞게 전달이 된 듯 고개를 끄덕이며 남은 울음을 정리하는
영군을 빤히 보며)
나 못 훔쳐.
(다시 떼를 쓰며 울기 시작하는 영군)
사실은 잠깐 최면 거는 거야, 그냥 그런 기분만 들게.
(울면서 웅얼거리는 영군)
"원하는 건 뭐든지 드릴게요.
화요일도 토요일도 다 드릴게요"

난감한 표정의 일순.

잠시 후 -
눈을 감은 영군. 얼굴에 붓으로 녹색 물감을 칠하는 일순. 영군, 가끔 훌쩍여서 눈물이 난다.

일순
아, 고만 좀 울어봐!

잠시 후 -
경건하게 무릎을 꿇고 앉은 영군, 뒤에 앉은 일순.

일순
(한 손으로 마분지를 영군의 얼굴에 대며)
....싫지?
(고개를 가로젓는 영군.
일순, 의욕 안 나는 듯 마분지를 치워버리며, 어금니를 꽉 물고)
....싫어해야 된다고 분명히 얘기했을 텐데....?

영군
(손을 번쩍 들어 일순의 따귀를 세게 때리며)
싫어요, 싫어, 싫어, 싫어!

뺨을 감싸 쥐고 만족스럽게 흐흐 웃는 일순.

잠시 후 -
눈을 감은 영군의 얼굴 앞에 댄 마분지, 그 위에 일순의 손.

일순
(마분지를 치우며)
....당신의 동정심은 내가 가져갑니다.
(마분지 뒷면에 찍힌 영군의 마스크가 선명하다)
딱 소리가 나면 다섯을 세고 눈을 뜨세요.

손가락을 퉁기는 일순, 딱.

영군

하나, 둘, 셋, 넷, 다섯.

눈을 번쩍 뜨는 영군, 벌겋게 충혈된 눈동자.

60. 1층 복도 – 보일러실 앞 (밤)

초록 얼굴로 뛰쳐나오는 영군, 쫓아 나오는 일순.

61. 3층 복도 – 스테이션 앞 (밤)

비상계단으로 통하는 문이 벌컥 열린다. 흰옷 입은 의사, 간호사, 보호사들 멍한 얼굴로 영군을 본다.
영군, 스테이션이 보이자 온몸을 덜덜 떨며 의료진을 향해 손을 벌려 들고 한 발 한 발 걸어간다. 초점 없는 눈동자, 가면 쓴 것처럼 표정 없는 초록 얼굴. 헤 벌어진 입에서 인간의 소리 같지 않은 고주파 기계음이 난다. 걱정스러운 얼굴로 다가오는 간호사1.

간호사1

영군님....?

영군의 손끝에서 기관총처럼 연사되는 총알들. 간호사1, 피투성이가 되어 쓰러진다. 경악하는 일순.

영군

(눈이 점점 감기며)

빳데리....빳데리가....

손을 벌려든 채 뒷걸음질 치기 시작하는 영군. 뒤로 풀썩 쓰러진다. 뒤에 서 있던 일순, 영군을 가까스로 받는다. 몰려드는 환자와 의료진, 물론 간호사1도 멀쩡하게 와 구경한다. 사람들을 헤치고 영군에게 다가가는 슬기. 피에타처럼, 영군을 안아들고 안타까이 내려다보는 일순, 촉촉이 젖은 눈을 들어 슬기를 쳐다본다. 원망하는 듯한 시선에 당황하는 슬기, 사람들 사이로 빠져나가는 곱단을 발견한다. 잰걸음으로 달아나듯 자리를 피하는 곱단, 뒤쫓는 슬기.

슬기

왕곱단님!
(움찔하며 멈춰서는 곱단, 돌아보지도 않고 고개를 푹 숙인다.
슬기, 재빨리 다가와)
....솔직하게 말해주세요.
영군님 밥을 대신 드신 게 사실인가요?

순식간에 얼굴이 시뻘게지는 곱단, 결국 울음을 터뜨리고 만다.

은영

(노랫소리)
아름다운 베르네....

62. 스위스풍의 언덕 - 은영의 망상 (낮)

넓게 펼쳐진 초원. 스위스 소녀 민속 의상 차림의 은영, 벤치에 앉아 맑은 목소리로 요들을 부른다.

은영

(소리, 노래)
맑은 시냇물이 넘쳐흐르고....

63. 미술 치료실 (낮)

노랫소리 사라진다. 손거울 안에서 미소 짓는 은영, 푸른 하늘을 배경으로 민속 의상 차림. 손거울을 무릎에 세워놓고 소파에 앉은 환자복 차림의 은영, 그 옆에 앉은 규석. 뒤로는 파란 하늘과 흰 구름, 만년설 덮인 산이 그려진 벽화.

은영

(거울에서 눈을 떼어 먼 산을 보며 중얼중얼)

....얼마나 더 연습해야 할까?

에델바이스 소년소녀 합창단에 들어가려면.

규석

(은영의 손거울을 들여다보며)

저 같은 경우는....허리에 고무줄이 있어서 낯선 곳에 가두 늘

안심인데요.

은영

(거울 속에서 자기를 바라보는 규석을 발견하고

눈을 마주치는 일이 낯선 듯 거울을 들어 이리저리 옮겨본다.

자세를 바꿔가며 거울 속에 쏙 들어가려고 애쓰는 규석)

....새빨간 알핀로제, 이슬 먹고 피어 있는 곳....

(거울 속의 규석을 향해)

오디션 탈락 이후 벌써 이십일 년째 연습 중인데....

규석

(거울 속에서 고개를 끄덕이며)

언젠가 이 생을 마감할 무렵....고무줄이 늘어날 대로 늘어나면

팽- 하구 돌아가면 돼요.

애초에 출발했던 곳으로요.

(마음속으로 노랫소리)

다스 오버렌야 오버렌....

64. 스위스풍의 언덕 - 규석의 망상 (낮)

씬62 연결. 초록 언덕을 오르는 규석, 허리에 살색 고무줄을 맸다.

규석
(노래 부르며)
베른 산골 아름답구나....

벤치에 앉은 은영. 요들송을 부르며 다가오는 규석, 옆에 앉는다.

은영 / 규석
(이중창)
다스 오버렌야 오버렌 나의 사랑 베르네....

노래를 멈추는 두 사람.

규석
오디션두 안 되구 고무줄두 없어서 나중에 갈 데 없으시면....
(살짝 뒤를 돌아 자기 허리를 내밀며)
제 허리 잡으셔두 돼요.

주저하다 거울을 내려놓는 은영, 규석의 허리를 잡으려고 할 때 사이에 끼어드는 검은 그림자.

곱단
(소리)
....인간이 중력을 거스를 수 있겠는가?

65. 미술 치료실 (낮)

씬63 연결. 은영과 규석 앞에 선 곱단. 규석의 허리에 손을 얹으려던 은영, 황급히 손을 치우고 잡지를 집어 든다.

곱단

....인간이, 중력을, 거스를 수, 있겠는가?
(피곤한 듯, 은영과 규석 사이를 비집고 털썩 앉으며)
....실험에 성공했어.
(뜨끔 놀라 곱단의 눈치를 보는 은영과 규석.
털실로 짠 파랑, 초록 양말을 꺼내 흔들며)
....수면비행법!

66. 여자 입원실 (밤)

어두운 실내. 침대에 앉아 정성스럽게 파랑, 초록 양말을 한 짝씩 신는 곱단. 약을 꿀꺽 삼키고 물을 마시는 곱단.

곱단

파랑, 초록 털양말은, 뭐랄까,
땅과 하늘의 사이의 정전기적 긴장을 만들어 낸달까
그게 몸을 부양시켜주는 거지, 고속철도 원리 알지?
(침대에 털썩 엎드려 양팔을 벌리고 양발을 마주 비비는 곱단)
자 봐, 이거거든....?
(코를 골면서 완전히 잠드는 곱단, 그러면서도 계속 발을 세게 비빈다.
머리카락이 조금씩 움직이기 시작한다. 점점 강해지는 바람.
볼살이 이리저리 밀릴 정도의 강풍이 불어댄다.
잠꼬대하듯)
중력의 잡아당기는 힘 때문에 피부가 처진단 말이야.
자는 동안만이라도 대기권 밖으로 탈출함으로써
피부를 지구 중력으로부터 보호해야 돼.

(고개를 돌려 옆 침대의 영군을 본다.
링거 주사를 꽂은 채 누운 영군. 초점 없는 눈, 헤 벌린 입)
....이해하겠어, 원리를?
(영군, 반응 없자 혼자 중얼중얼)
비행 직전엔 닭고기 같은 건 피해야겠지, 홈홈.

은영 / 규석

(소리, 이중창)
요르리요 요리리리 요르리요 요리리리....

67. 정원 (낮)

벚꽃이 만발한 길을, 일순과 설미 나란히 걷는다.

일순

누나, 나....보여요?

설미

부분적으론 보이는데....좀 벗지 그러니?

일순

(벗으려고 가면 잡았다가 멈추더니)
....벗었는데 내가 안 보이면?

이상하다는 듯 보는 설미.

68. 건설 현장 (낮) - 과거

공사 중인 고층 빌딩에서 전기 배선을 하는 일순.

일순

(소리)

스무 살 때 절도로 재판 받는데 판사가 선고를 내리면서....
나한테만 들리게 이러는 거예요.

69. 법정 (낮) - 과거

주심 판사, 엄숙하게 선언한다.

판사

피고 박일순은....장차 점으로 소멸될 것이다, 이 썹새끼야.

공포에 사로잡히는 피고 박일순, 돌아보지만 방청객들 아무도 듣지 못한 듯 태연하다.

70. 정원 (낮)

씬67 연결. 설미보다 머리 하나만큼 작아진 일순.

설미

저런.

일순

교도소에서 별짓을 다 했어요, 자꾸 소멸되는 거 같아서....
다른 사람 옷도 훔쳐 입고....이빨두 열심히 닦구....

71. 화장실 (낮) - 과거

작업복 입은 채 한쪽 손은 허리에 얹고 눈을 꼭 감고 이 닦는 일순, 구석구석 열심히.

일순

(소리)

이빨은 한 번 소멸되기 시작하면 돌이킬 수가 없잖아.

설미

(소리)

그렇지.

일순

(소리)

정신 감정 받았더니, 정신분열증에 안티소설이라구 했어요,

72. 현장 사무실 (낮) - 과거

작업복을 벗고 평상복으로 갈아입는 일순.

설미

(소리)

안티소설....

일순

(소리)

이유 없이 자꾸 훔치구 싸우구, 죄책감이나 동정심 없구 그런 건데요.....
근데 왜 나보구 안티소셜이라 그러는지 몰라.
난 사정이 있어서 훔치는데....소멸될 거 같아서....
나는요.... 안티소멸이에요, 누나.

73. 택시 (낮) - 과거

가방을 옆에 두고 택시에 앉은 일순. 택시, 산속을 달린다. 길을 돌아들

면 하얀 병원 건물이 보이기 시작한다.

일순

(소리)

안티소설은 치료법이 없는데요.

그래도 의사가 희망을 가지래요.

삼사십 년 지나서 저절로 낫는 경우도 있다고.

대개 그 삼사십 년을 교도소에서 보내지만....

설미

(소리)

음....

일순

(소리)

그 교도소 가기 싫어서 내 발루 입원하잖아.

예감 딱 느끼면 바로 들어와버려.

다섯 번째 입원이에요, 사 년 동안.

노가다 착실하게 하면 입원비랑 약값은 어떻게 하는데....

이런 식으로 사십 년 버틸 수 있을까....

현관 앞에 서는 택시, 돈 주고 내리는 일순. 한숨을 쉬며 병원을 올려다본다. 급히 돌아보면 택시는 막 출발하고 있다. 손을 들고 몇 발짝 따라가 보지만 부웅- 가버린다. 어깨를 축 늘어뜨리고 선 일순.

74. 1층 복도 - 전기충격 치료실 앞 (낮)

나란히 복도를 걷는 일순과 설미. 일순, 설미의 무릎 높이로 작아졌다.

일순

....점으로 소멸되지 않고?

어떻게 생각해 누난?

걸음을 멈추는 일순, 간절한 눈길로 설미를 올려다본다.

설미

(일순의 얼굴을 찬찬히 내려다보며)

그냥....희망을 버려.

(쭈그리고 앉아 일순과 눈높이를 맞추고

멍하니 바라보는 일순의 이마에 거대한 일회용 반창고를 척 붙여주며)

그리구, 힘내!

일순

(순종적인 표정으로 다소곳이 섰다가 갑자기 버럭)

힘?! 그렇지만 영군님이 힘이 없잖아!

설미

(아이를 데리고 가듯 일순의 손을 잡고 다시 걸으며)

우리 일순이도 자기 얘기 하고 싶어 할 때가 다 있구나.

일순

(설미를 향해 걸어오는 간호사1을 힐끗 보고)

누나 오늘 전기충격 치료받는 날이잖아.

간호사1

(친절하게 생긋 웃으며 팔짱)

설미님.

75. 전기충격 치료실 (낮)

전압게이지, 바늘이 올라간다. 부르르 떠는 설미의 발.

슬기

(전화기를 통해 들리는 소리)
**흔히 전기충격 치료라고 하면
굉장히 비인간적이라고 생각하는 경우가 많은데요.**

76. 여자 입원실 (낮)

침대에 앉은 영군. 약과 작은 플라스틱 컵을 건네주는 간호사. 재빨리 약을 삼키고 귀찮은 듯 침대에 눕는 영군.

슬기

(전화기를 통해 들리는 소리)
**사실은 그렇지 않구요, 우울증이나 카타토니아[3] 등에
널리 쓰이는 치료법이에요.
보통 환청이나 망상, 기분 장애 등의 증상 때문에
밥을 안 먹는 환자들은 투약을 하면
이삼 일 내에 밥을 먹게 되기도 하는데....
영군이는 워낙 약 부작용이 심해서....**

77. 스테이션 (낮)

초점이 없는 눈, 혀가 말려들어가 홀쭉해진 두 볼. 침을 흘려서 턱받이를 한 영군, 힘없이 등을 구부리고 의자에 앉았다. 탁자에 놓인 식판. 간호사1, 2가 옆에 붙어 앉아 밥을 떠먹인다. 영군이 삼키지 않아 입으로

---

3) 외부자극에도 운동반응이 없는 상태

흐르는 음식물을 닦아준다. 뒤에 서서 관찰하는 슬기.

슬기

(전화기를 통해 들리는 소리)

영군이가 지금 밥도 안 먹고

잠도 안 자고, 움직이지도 않는 카타토닉 상태라....

78. 1층 복도 - 전기충격 치료실 앞 (낮)

분만실 복도의 남편처럼 초조한 얼굴로 이리저리 서성대는 일순.

엄마

(전화기를 통해 들리는 소리)

전기 치료는 부작용이 없나요?

복도 끝에서 걸어오는 설미, 반가운 듯 일순의 어깨를 친다. 돌아보는
일순의 얼굴에 스치는 불안한 표정.

설미

(반갑게)

오랜만이네요? 요새 통 안 보이더니....

(이마의 일회용 반창고를 만지며)

다쳤어?

일순, 반창고를 떼어낸다. 상처가 없는 이마를 이상한 듯 보는 설미.

슬기

(전화기를 통해 들리는 소리)

기억상실이 있을 수 있어요.

79. 전기충격 치료실 (낮)

침대에 누운 영군. 간호사들, 체온과 혈압, 바이탈사인을 체크한다. 심장과 관자놀이에 전극을 연결한다, 산소 호흡기를 입에 대 준다.

슬기
(전화기를 통해 들리는 소리)
한두 시간 정도 기억 못하는 경우가 많고,
한 육 개월 잊어버리기도 하고....
특정한 사건만 기억이 안 나기도 하는데....대개는 금방 돌아옵니다.

엄마
(전화기를 통해 들리는 소리)
기억은 괜찮구요, 그냥 밥만 먹게 해주시면 되는데....

한쪽 발에 끈을 묶는다, 근육이완제와 마취제를 주사한다, 마우스피스를 물린다. 주치의와 슬기, 준범, 전기충격기계 옆에 서서 영군을 내려다 본다. 스위치를 넣고 서서히 전압을 올리는 주치의. 전압 게이지의 바늘, 올라간다.
시트 아래로 나온 영군의 발, 묶인 채 경련한다.

80. 전기충격 치료실 - 영군의 꿈 (낮)

커튼으로 둘러싸인 공간에 놓인 커다란 인큐베이터. 그 안에 눈 감고 누운 영군, 두드리는 소리에 눈 번쩍 뜬다.

영군
할머니...!
(몸을 일으키려고 하지만 안 되는 듯)
언제 왔어?
(밖에서 들여다보는 할머니, 말을 하지만 들리는 것은 웅- 하는

인큐베이터 기계음뿐)

내가 어서 무자비해져야 되는데…. 할머니한텐 나밖에 없으니까….

(움직여보려 용을 쓰며)

마취 때문에 잘 안 움직여져서…. 쫌만 기다려, 내가 틀니도 주구….

다 죽이구….

(손을 휘젓는 할머니, 뭔가 말을 한다.

영군, 열심히 입 모양을 보지만 잘 알아들을 수 없는 듯)

뭐라구?

(할머니의 입 모양을 따라하며 더 잘 알아들으려는 영군,

울음이 복받쳐 오르는 듯 안타까이)

할머니, 천천히….

(틀니 없는 할머니의 입)

….너….의….뭐?

답답하고 혼란스러운 표정의 영군. 계속 말하는 할머니의 입이 점점 클
로즈업되며 화면을 채운다. 검은 바탕 화면 상단에 'Charging….'이라는
글씨. 그 아래로 무지개 색깔의 그러데이션 바가 서서히 뜬다.

영군

(소리. 기계음으로 변형되며)

존재? 너의 존재의….목적?

아나운서

(소리)

오십 퍼센트….칠십 퍼센트….구십 퍼센트….

(삐- 소리)

….충전 완료.

81. 전기충격 치료실 (낮)

시트 아래로 드러난 영군의 발. 반은 주황, 반은 빨간색으로 반짝반짝하는 영군의 엄지발가락. 영군, 눈을 감은 채 살짝 입맛을 살짝 다신다. 살짝 트림한다.

영군
(소리)
맛있어.

커튼을 들추며 들어서는 슬기, 바이탈사인부터 확인한다. 번쩍 눈을 뜨는 영군.

슬기
괜찮니?

영군
(수줍게 웃으며)
네.

슬기
내가 누구야?

영군
(가운에 달린 이름표를 보며)
최슬기 선생님.

슬기
우리나라 대통령은?
(모르겠다는 듯 배시시 웃는 영군)

그래, 생각날 거야.
기억이 없어졌다가두 대개는 금방 돌아오니까.

영군

(부끄러운 듯 손짓하며)
저기....
(슬기, 몸을 숙이면 귓속말)
원래 몰라요.

82. 1층 복도 – 전기충격 치료실 앞 (낮)

휠체어 탄 영군을 데리고 나오는 슬기. 가면을 쓴 채 쇼핑백을 끌어안고
소파에서 잠든 일순.

슬기

(천천히 휠체어를 밀며)
어디서부터 기억나?

벌떡 일어나는 일순, 쇼핑백을 챙겨들고 두 사람을 따라간다.

영군

다 기억나요, 병원에서....몸에 여기저기 선이 연결되어 있고.....

슬기

그래그래....

영군

인큐베이터에서요.
(이상한 듯 걸음을 멈추고 영군을 내려다보는 슬기.
영군과 슬기를 지나 계속 가는 일순)

할머니가 그랬어요.
저는 날 때부터 힘이 없고 꼭 죽을 거 같아서 한참 동안
인큐베이터에 있었대요.
전기선들이 여기저기 나와서 저를 키워줬는데....
히힛.... 위대한 힘하구 연결된 기분.

일순, 영군과 슬기를 기다리며 선다. 슬기, 영군 앞에 쪼그리고 앉는다.
슬기에 가린 영군을 보려고 기웃대는 일순, 헛기침도 하고 괜히 이리저
리 서성대거나 천천히 걸어오기도 하면서 주의를 끌기 위해 애쓴다.

슬기

영군아, 왜 밥을 안 먹으려고 하는지 선생님한테 말해주면 안 될까?
(천진한 눈으로 빤히 쳐다보는 영군)
혹시 밥 먹지 말라는 소리 같은 거 들리니?
....밥에 독을 탔을지도 모른다는 생각 들어?
....굶어 죽어야겠다는 생각은?
그럴 수 있어, 솔직히 선생님두 가끔 죽구 싶다는 생각 하거든....

영군

(슬기의 엉덩이를 탁 치며)
죽기는 왜 죽어요, 젊은 사람이....어떻게든 살아야지.
(말문이 막히는 슬기)
저 여기서부터 걸어가면 안 돼요?
막 힘이 솟아요.
(휠체어에서 일어나 팔랑팔랑 뛰어가며)
꼭 새로 태어난 것 같아요.

자기에게 달려오는 줄 알고 가면을 벗는 일순, 헤벌쭉 웃는다. 신이 나
서 금방 10미터쯤 뛰어오던 영군, 몸을 돌리더니 뒷걸음질 치기 시작한
다. 미소 짓는 슬기를 향해 두 팔을 내미는 영군, 엄지를 제외한 네 손가

락 끝에서 총알이 드르륵, 연사된다. 벌어진 입에서 고주파 기계음과 함께 탄피가 우수수 떨어진다. 피투성이가 되어 쓰러지는 슬기. 일순, 감탄한다. 뛰어가면서 귀신같이 의료진을 쏘아 쓰러뜨리는 영군, 지나는 방마다 문을 열어 초토화한다. 로비를 지나 현관으로 뛰어나가는 영군. 쇼핑백을 옆구리에 끼고 쫓아가는 일순.

83. 정원 (낮)

환자와 함께 산책하거나 운동하는 의사, 간호사들. 뛰어나온 영군, 하얀 옷 입은 의료진을 보는 족족 쏘아 죽인다.

영군

(소리, 노래하듯 리드미컬하게)

동정심 금지....

슬픔에 잠기는 것 금지....

죄책감 금지....

망설임 금지....

쓸데없는 공상 금지....

설레임 금지....

감사하는 마음 금지....

현관 앞에 서서 지켜보던 일순, 재빨리 나무를 타고 현관 위 지붕으로 올라간다. 멀리 보이는 풍경 – 쫓아다니며 살육을 벌이는 영군과 피 흘리며 쓰러지는 흰옷 입은 사람들이 개미처럼 조그맣게 보인다. 존경과 경악으로 눈이 점점 커지는 일순, 급기야 기절한다.

84. 안정실 앞 (밤)

쪼그리고 앉아 일순을 내려다보며 답답해하는 준범의 얼굴. 어깨를 잔뜩 움츠리고 복도에 누운 일순, 울면서 말을 하지만 알아듣기 힘들다.

준범

뭐어?

(입 모양을 보고 알아들으려고 노력하며)

"너무 불쌍해서....죽어버릴 것....같아요"?

(웅얼거리며 고개를 끄덕이는 일순, 등과 허리를 새우처럼 구부리며)

"....영군님을....부탁드립니다....

저는 영군님을 정말....동정....하는 것 같아요"?

두려운 듯 무릎까지 잔뜩 움츠린 일순, 눈물을 닦으며 고개를 끄덕인다.

85. 안정실 (밤)

무표정한 얼굴로 침대에 누운 영군, 뒤로 작은 창 달린 문이 보인다. 일순이 울면서 말하는 소리 들린다.

준범

(소리)

니가 '동정'....을 한다구?

(잠깐 쉬더니, 직업적인 말투로)

....환청은 언제부터 들려?

86. 식당 (낮)

입구에 상을 펴고 앉은 일순, 구부러진 티스푼을 실로 꿰매 붙인 단식 투쟁 가면을 썼다. 바구니에는 구부러진 티스푼 배지들. 사람들 관심 없이 지나친다. 규석의 허리를 잡고 오는 은영, 일순 앞에 선다.

은영

(은밀하게)

가면 좀....

(조용히 가면을 머리 위로 올려주는 일순)

왕곱단의 '수면비행법'을 훔쳐주세요.

(대답 없자)

그 여자....자기가 개발한 이상한 비행법이 있는데요,

밤마다 우리 규석님한테 날아가서 괴롭혀요.

(결심한 듯 큰 한숨을 쉬고)

....대신 제 목소리를 드리겠어요.

지금 제가 말하는 걸 듣고 계시니까

일순님두 제 목소리가 얼마나 고운지 아시겠죠?

일순

(낮은 소리로)

....목소리 갖구 되겠어요?

(좌절하는 은영)

....단식하세요.

(놀라는 은영의 옷깃에 구부러진 티스푼 배지를 붙여주며)

은영님도 단식 투쟁에 동참하세요.

잠시 후 -

단식 투쟁 가면을 쓴 일순, 배지 바구니를 들고 슬슬 식당을 돌아다닌다.

뒤에서 곱단이 쿵쾅거리며 다가와 어깨에 팔을 두르고 나란히 걷는다.

곱단

(목소리를 낮추지만 여전히 큰 목소리로)

손은영 목소리 좀 훔쳐줘.

(초록과 파랑 양말을 쥐어주며)

두 번째루 소중한 거야, 내 비행 양말....에스케이투 다음으로....

규석은 내 꺼야, 손은영은 목소리 빼면 볼 거 있어?

일순

단식할 수 있겠어요?

퍼뜩 놀라 멈춰서는 곱단.

87. 식당 (낮)

준범, 덕천, 일순, 은영, 규석, 곱단, 설미, 대평이 둘러앉은 식탁. 은영은 규석 뒤에 바짝 붙어 앉아 양손으로 허리를 잡았다. 식판을 들고 옆에 선 간호사1, 2.

준범

왜 단식 투쟁을 하시는지 말씀해주실 수 있겠어요?

덕천

(고개를 푹 숙이며)

제 잘못인 거 같....

일순

(말을 끊으며)

차영군님을 석방해주세요.

곱단

(벌떡 일어서며)

될 수 있는 한 빨리 석방하시고....

(규석과 은영을 향해 손가락질하며, 버럭)

니들은 떨어져!

준범

여러분, 차영군님이 왜 안정실에 갔는지 아시는 분 계세요?

(서로 얼굴을 볼 뿐 아무도 대답 못하자)

....영군님은 오랫동안 밥을 먹지 않아 몸이 쇠약해졌습니다.
그러니까 안정실에서 치료진 보호하에 밥을 먹어야 합니다.
이대로 사흘만 더 굶으면 차영군님 죽어요, 무슨 말인지 아시겠지요?

간호사1에게 식판을 받아, 먹기 시작하는 대평. 곱단, 기다렸다는 듯이
간호사2로부터 식판을 잡아챈다. 눈치 보던 다른 환자들, 차례로 일어
나 밥을 받으러 간다. 벌떡 일어나는 일순.

88. 영군의 안정실 (밤)

침대에 누운 영군, 코에 꽂힌 튜브로 미음이 들어간다. 침대에 팔이 묶
인 채 고통스러운 듯 움찔움찔한다.

슬기

(무릎 위에 쟁반을 얹고)
콧줄로 먹으면 아플 거라고 내가 그랬잖아.
(미음을 한 숟갈 떠서 영군에게 보이며)
지금이라도 입으로 먹을까, 콧줄 빼고?

도리질하는 영군, 힘없는 손을 들어 슬기를 향해 손을 쫙 편다. 집게손
가락에서 총알이 나가지만 힘없이 바닥에 툭 떨어진다. 실망하는 영군.
밖이 소란스럽다. 돌아보는 슬기와 영군. 보호사들의 저지를 뚫은 일
순, 밀고 들어온다. 그 와중에 찢긴 가면이 펄렁거린다.

일순

(보호사들을 향해 주먹을 휘두르며)
안 먹는다잖아요!
왜 환자 동의도 없이 막 먹여요!
사람이 밥 안 먹는 거 하나 맘대로 못해요?!

영군

(딸꾹질을 하며, 소리)

사람 아닌데....

영군, 몸을 들썩이더니 미음을 토해낸다. 황급히 끈을 풀어 바닥에 토하도록 도와주는 슬기와 간호사들.

일순

(소동을 틈타 영군 이불 속에 손을 넣으며 재빨리 귀엣말)

....자판기가 안부 전해달래.

보호사들한테 끌려 나가면서도 거세게 저항하는 일순.

89. 일순의 안정실 (밤)

거칠게 일순을 내동댕이치는 보호사들. 문이 닫힌다. 문을 마구 밀며 두드리는 일순, 소리를 지른다. 문에 몸을 부딪는다. 문 열리고 보호사의 손이 쑥 들어오더니, 가면을 찢은 마분지 조각을 뿌리고 닫는다. 엎드려 줍는 일순.

90. 영군의 안정실 (밤)

침대에 누운 영군, 이불에 손을 넣자 바닥에 커피 자국이 있는 종이컵 두 개가 나온다.

91. 일순의 안정실 (밤)

침대에 엎드린 일순, 가면 조각을 맞춰 영군의 얼굴을 만든다. 벽에서 똑똑 소리가 들려 창살 너머로 내다보면 옆방의 영군이 실로 연결된 종이컵을 내밀고 있다. 손을 뻗어 간신히 컵을 잡는 일순, 입에 댄다.

일순

괜찮아요?

92. 영군과 일순의 안정실 (밤)

창가 아래에 쪼그리고 앉아 종이컵을 입에 댄 영군.

영군

(일순과 거의 동시에 말하며)

안 다쳤어요?

일순의 얼굴이 밀려들어오면서 분할화면. 두 사람, 종이컵을 귀에 댄 채 상대방의 대답을 기다린다. 컵 속의 바람 소리.

일순

(종이컵을 입에 대고 주머니를 뒤적거리며)

저기, 손 좀 내밀어 봐요.

(창살 너머로 초록과 파랑 양말을 주고받는 일순과 영군)

그거 신고....

(양말을 신는 영군)

팔 벌리고 엎드려서 발을 마주 비비는 거야.

(침대에 엎드려 양팔을 벌리고 발을 마주 비비는 영군)

이게 정전기적 긴장을 만들어내서 몸을 부양시켜주거든.

....닭고기 안 먹었죠?

....내가 이제 노래를 불러줄게, 떠오르면 몸을 아주 작게 만들어.

요들송을 부르기 시작하는 일순. 영군과 침대, 떠오르면서 작아진다.

영군

(신이 나서 큰 소리로 웃으며)

이야....

거대한 창살로 빠져나가는 영군과 침대.

93. 스위스풍의 언덕 (밤 - 아침)

밤하늘을 나는 영군. 동쪽으로 가다보니 금방 동이 터오고 아침이 된다. 내려다보면, 종이컵에 대고 요들송을 부르는 일순이 언덕에 앉았다. 미소 짓는 영군.

잠시 후 -
침대를 세워놓고 일순 옆에 나란히 앉은 영군, 머리를 맞대고 보석 상자 속 엄마 사진을 들여다본다. 바로 옆에 앉아서도 종이컵에 대고 대화한다.

일순

쯔쯧....하여튼 문제야....얼굴 봐라 이거, 이러니 남자들이 가만뒀겠니?
(잘 모르겠다는 듯 갸웃거리는 영군.
기분이 상한 듯 재빨리 보석 상자를 닫고 주머니에 넣는 일순)
밥을 왜 안 먹는지 나한테만 말해주면 안 돼?
....할머니는 틀니 없어서 무 못 드시는데 혼자만 먹을 수 없어서?

영군

(부끄러운 듯 웃으며)
밥 먹으면 고장 나.

일순

(벌떡 일어서며)
싸이보그라구 밥 먹으면 안 돼?
(우물쭈물하는 영군. 벌떡 일어서서 서성거리는 일순)

영군님도 밥 먹을 수 있어!

(영군의 손을 잡아 억지로 일으키며)

가자, 먹으러!

저항하는 영군. 일순의 뒤로 힘겹게 한 발 한 발 걸어오는 꼬부랑 할머니 프레임인, 허리에 고무줄을 맸다.

영군

(깜짝 놀라 손을 내리며)

할머니!

잠시 후 -

할머니와 등을 맞대고 버텨 선 일순, 신음 소리를 내며 천천히 허리를 펴는 할머니. 틀니 케이스를 내미는 영군. 반가운 듯 열어보는 할머니, 틀니를 검사하더니 의심스러운 눈길로 영군을 째려본다.

영군

(허둥대며)

나, 안 썼어....잠깐 대보기만 했어!

틀니를 돌려주는 할머니, 놀라는 영군.

할머니

이빨 빠진다....할머니 보고 싶어서 정 못 참을 때만 한 번씩 껴.

(입을 벌려 보여주며)

틀니 때문에 다 빠졌잖아, 할머니두.

영군

(눈물을 글썽이며)

거짓말! 원래 없었으면서!

할머니에게 안겨 우는 영군. 안 울려고 먼 산 보는 일순, 눈을 끔뻑끔뻑한다. 고무줄 장력이 너무 강해, 일순이 안간힘을 다해 버티고 영군이 힘껏 잡아당기는 데도 세 사람이 한 덩어리로 질질 끌려간다.

할머니

(안겨 우는 영군을 부드럽게 떼어내며)

육실헐 놈에 고무줄, 허리 아파 죽겄다.... 영군아, 고만 봐주련.

손을 놓는 영군. 일순도 슬쩍 비킨다. 뒤로 걸어 멀어지는 할머니, 뭔가를 말하지만 잘 들리지 않는다. 뛰어서 따라가는 영군.

영군

(울먹이며)

응? ....뭐라구?

....존재의 목적이 뭐?! 할머니?!

점점 빠르게 뒷걸음질 치다가 결국 핑 날아가버리는 할머니, 점처럼 작아지더니 결국 사라진다.

일순

(영군의 어깨에 손을 얹으며)

점이 되어 사라지셨구나.

할머니가 사라진 하늘을 멍하니 바라보는 영군.

94. 등나무 정자 (낮)

나란히 앉은 영군 모녀. 탁자 위엔 쿠킹 호일에 싸온 다 식은 순대가 손도 대지 않은 채 놓였다. 아무 말 없이 제 발만 내려다보는 영군.

엄마

....납골당에 모셨는데....일주일 전에...

(고개를 드는 영군, 알았다는 듯 고개를 끄덕인다. 강인한 표정.
엄마, 까만 비닐봉지를 뒤지더니 작은 지퍼락을 꺼내 건네며)

니 생각나서 한 숟갈 퍼왔어.

(고춧가루가 점점이 박힌,
순대 찍어먹는 소금을 받아들고 의아한 듯 보는 영군.
엄마, 소금을 뺏어들고 보더니 허둥대며 순대 옆에 놓은
똑같은 지퍼락과 바꾸어 준다.
골분을 받아들고 주둥이를 열어 들여다보는 영군.
엄마, 영군 옆에 딱 붙어 앉아 함께 들여다보며)

엄마, 영군이잖요.... 우리 영군이, 인제 다 컸죠?

(의심스러운 듯 영군의 얼굴을 들여다보는 엄마)

너, 여기 사람들한테.... 쥐라고 말한 거 아니지?

(대답 없이 당돌한 표정으로 엄마를 마주보는 영군.
엄마, 한참 후에야 자기 실수를 깨닫고 황급히)

아니, 싸이보라구 한 거 아니지?

(영군의 팔을 잡고 흔들며)

했구나, 했지?!

(입을 굳게 다문 영군, 울지 않으려고 노력한다.
엄마, 계속 흔들며)

너는 어떻게 니 입장만 생각하니?
어떻게 사람이 하고 싶은 말을 일일이 다 하고 살아?

영군

(엄마에게 붙잡힌 채 흔들리면서)

엄마.

엄마

(싸늘해진 영군 얼굴을 보더니, 흔들기를 멈추고)

그래.

영군

정말 하고 싶은 말이 있어.

엄마

(영군을 붙잡은 손을 놓고)

뭘를.

영군

할머니 틀니….일부러 빼놓은 거지, 기도원 가서도 무 먹을까봐.

당황하는 엄마.

95. 숲 (낮)

나무들 사이로 비틀비틀 가는 영군, 쪼그리고 앉아 나뭇가지로 땅을 판다. 옆에 와 서는 일순. 영군, 할머니 골분과 컴퓨터 마우스를 손수건에 곱게 싸서 묻는다. 흙을 덮는다. 주머니에서 틀니를 꺼내 끼운다. 눈물이 흐른다. 영군을 일으켜 안아주는 일순, 조심스럽게 입을 맞춘다. 오래 키스. 이윽고 몸을 떼는 두 사람, 어느새 틀니는 일순의 입으로 옮겨와 있다. 눈물에 얼룩진 얼굴로 활짝 웃는 영군.

영군

(뒤로 스르르 쓰러지며)

….설레는 건 안 돼….칠거지악….

일순

(받아 안으며)

영군님!

(절규)

밥을 왕곱단한테 다 주니까
기운이 하나두 없잖아....!

일순의 목소리 나무들 사이로 울린다.

96. 여자 입원실 (밤)

어두운 실내. 침대 옆 의자에 앉아 칫솔로 틀니를 정성스레 닦는 일순.
링거 주사를 팔에 꽂은 채 빨갛게 열 오른 얼굴로 누운 영군. 협탁 위에
놓인 가습기, 김을 뿜는다.

영군
(열에 들떠 번뜩이는 눈으로 가습기를 보며 헛소리)
하얀 김이 무럭무럭 솟아나는....밥이었어요.
(천장을 보며 생각에 잠겨)
겨울 밥에....산적이 찾아오면 꼬챙이를 쑥 빼서....먹어버리자.
홍시는 말했죠, 부끄러우니까 이왕이면 한입에 쭈욱 드셔주세요....
아....겨울 밥....할머니 동치미....봄 밥, 여름 밥, 가을 밥....
(가습기를 보며 서글픈 눈으로)
가습기야....넌 모르지....

아무 것도 모르는 듯 조용히 김만 내뿜는 가습기. 틀니를 놓고 안타까이
영군을 내려다보는 일순.

97. 뒤꼍 창고 앞 (낮)

문 앞을 지나가는 일순. 다시 돌아온다. 두리번거리며 사람이 없는 것
을 확인한 다음, 자물쇠를 딴다. 재빨리 들어가는 일순. 잠시 후 빨간 플
라스틱제 공구상자를 안고 나와 뛰어간다.

98. 3층 복도 - 시계 앞 (오후)

실내 깊숙이 파고드는 늦은 오후 햇살. 딸꾹거리며 가는 시계. 앞에 세워진 링거 스탠드, 캐비닛 안으로 들어간 튜브.

영군

(캐비닛 안에서 나직이 울리는 노랫소리)
고요한 밤....거룩한 밤....어둠에 묻힌 밤....
주의 부모 앉아서 평양냉면을 먹을 때....

99. 보일러실 (밤)

어두운 실내. 바닥에 널린 설계도 스케치들, 부품들. 헤드 랜턴을 쓴 일순, 보석 상자 안의 사진을 들여다본다.

일순

(혀를 차며 중얼중얼)
문제야, 문제....하여튼 간에....

잠시 후 -
드라이버며 펜치, 작은 납땜인두 등 공구를 들고 작업하는 일순.

100. 여자 입원실 (새벽)

뿌연 새벽빛. 바닥에서 움직이는 어두운 그림자, 영군의 침대 옆으로 다가온다. 영군 어깨를 흔들며 속삭인다.

일순

영군님....영군님....
(잠에서 깨 돌아보는 영군.
일순, 피곤해 보이는 얼굴에 환한 미소를 지으며

10센티미터 길이의 튜브와 전선 여러 가닥이 달린 보석 상자를 내민다.

영군, 뚜껑을 열어보면, 엄마 사진 위에 작은 부속들로 이루어진

복잡한 기계 장치가 가득)

라이스메가트론이야, 밥 열량을 전기 에너지로 전환시키는 장치.

(의심스러운 듯 기계 장치와 일순을 번갈아 보는 영군.

일순, 기계를 가리키며)

그니까....영군님이 밥을 섭취하게 되면

그걸 압축해서 폭발시켜 에너지를 만든 다음 배기시켜주는 거야.

(빤히 보고 있는 영군을 의식하며 점점 빠른 속도로 주절주절)

그니까....충전은 시간이 걸리잖아, 급할 때는 밥이 최고야.

보통 생활 전력 정도는 밥으로도 무리 없어....빵이나 쌀국수도 괜찮구.

(여전히 의심스러운 눈으로 보는 영군)

왜 저번에 그랬잖아, 동정심 훔쳐줄 때,

원하는 건 뭐든지 준댔잖아, 생각 나?

....난 영군님한테서, '라이스메가트론을 받아줌'을 받고 싶어.

영군

(큰 호의를 베풀 듯 시선을 살짝 내리고)

뭐, 동력기관이 하나 더 생긴다고 나쁠 건 없겠지.

....약속은 약속이니까....

(라이스메가트론을 받아들고 무게를 가늠해보며)

무거진 않아?

101. 보일러실 (밤)

헤드 랜턴을 두른 일순, 모로 누운 영군의 등 뒤에서 작업 중이다.

일순

(환자복으로 손을 쑥 넣으며)

문 여깄네....보통 다 등 쪽에 있더라구....

영군

(몸을 돌려서 등을 보려고 노력하며)

정말?

일순

자, 그럼....

(바닥을 보면서 아주 작고 빠른 소리로)

상의를탈의해주세요.

영군

응?

일순

(사무적인 말투로 들리게 하려고 애쓰며)

....상의를, 탈의해, 주세요.

(일어나 앉는 영군, 부끄러운 듯 몸을 돌려 환자복 단추를 푼다.

브래지어를 벗는 동안 헛기침하며 외면하던 일순,

다시 영군을 보는 순간 울컥한다.

비참할 지경으로 뼈만 남은 영군의 어깨를 쓰다듬으며

손등으로 눈물을 슥 훔친다.

공구박스를 뒤져 드라이버를 꺼내며)

조금 차가울지 몰라.

영군

(드라이버가 살갗에 닿자 몸을 비틀며)

앗, 차거....

일순

연다....

공구함 뚜껑으로 끼긱 소리를 내는 일순.

영군

그래....거기, 가려울 때 있더라....오라, 문 있는 데구나....
(라이스메가트론을 넣는 시늉을 하며 사실은 분해해서
부속들을 하나하나 공구함에 넣는 일순.
영군, 뒤를 힐끔거리며)
제가 이것저것 감사드리고 싶긴 한데....
'감사하는 마음'이 법적으로 금지돼 있는 형편이라....

102. 식당 (낮)

배식 받기 위해 줄을 선 환자들. 일순, 링거 스탠드를 밀고 영군을 부축하여 들어오면 둘을 위해 슬금슬금 자리를 양보해주는 환자들. 일순, 영군을 데리고 다니며 대신 배식 받는다. 마지막 순서로 국그릇까지 받았으면서 자리를 못 떠나는 일순, 아주머니에게 뭔가를 더 달라는 듯한 신호를 보낸다. 못 알아듣는 아주머니, 입 모양으로 '뭐?'라고 묻는다. 답답하다는 듯, 입 모양으로 '동,치,미'라고 말하는 일순. 아주머니 이제야 생각났다는 듯 냉장고에서 동치미 대접을 가지고 나와 식판에 올려준다. 살짝 얼음이 언 시원한 동치미 대접을 보고 영군, 눈이 휘둥그레진다. 구석 식탁으로 영군을 데리고 가는 일순. 둘을 조용히 주목하는 환자들. 덕천이 빼준 의자에 앉는 영군. 모락모락 김이 나는 밥을 두려움에 찬 눈으로 내려다보고 도움을 요청하듯 일순을 올려본다. 옆에 앉는 일순, 영군 손에 숟가락을 쥐어준다.

일순

일, 오른손으로 숟가락을 잡는 거야.
(일순을 물끄러미 보다 떨리는 손으로 숟가락을 잡는 영군.
맞은편에 앉아 영군을 보는 설미와 대평)
이, 적당량 밥을 떠서 입 근처까지 가져가보자.

(천천히 밥을 떠서 손을 올리려고 노력하는 영군.
먹다 말고 지켜보는 환자들)
삼, 입을 열고 숟가락을 넣는 거거든.

입을 열었지만 차마 숟가락을 넣지 못하는 영군, 숟가락을 내려놓고 일
어나 링거 스탠드를 밀며 도망간다. "오", "저런" 나직한 탄성, 환자들 사
이에서 터진다. 영군을 따라가는 일순, 잘못한 아이처럼 벽 보고 선 영
군의 옆에 간다. 숨죽이고 지켜보는 환자들. 일순이 눈치를 주자, 일동
밥을 먹으며 관심 없는 척한다.

영군
(고개를 숙이고 기어들어가는 소리로)
밥을 딱 먹었는데....라이스메가트론이 안 움직이면?

일순
내가 고쳐주지, 기술자잖아.

영군
(일순을 보며)
이번엔 괜찮아도....다음에 그러면? 또 그 담엔?

일순
(명함을 쥐어주며)
전화해, 에이에스 출장 간다. 보증기간 평생이야.
("보증기간 평생"을 중얼중얼 뇌는 영군.
조심스럽게 링거 스탠드를 끌어 영군을 식탁으로 데려가는 일순,
다시 숟가락을 쥐는 영군)
삼, 입을 열고 숟가락을 넣어봐.
(떨리는 손으로 숟가락을 들어 입 가까이 가져가는 영군,
차마 넣지 못한다.

동치미 무를 집어 밥 위에 놓아주는 일순.
흥분하는 영군, 눈을 꼭 감고 숟가락을 입에 넣는다.
숨죽이고 주목하는 환자들)
사, 입을 닫고 서서히 숟가락을 뺍니다.
(끔찍한 일이라도 하듯 눈을 꼭 감고 숟가락을 빼는 영군)
오, 씹겠어요.
(씹기 시작, 아삭아삭 소리.
기분이 좋아 찌릿찌릿 전기가 오는 듯 움찔거리며
한쪽씩 눈을 뜨는 영군)
괜찮아?
(고개를 끄덕이더니 보다 적극적으로 씹기 시작하는 영군)
육, 삼켜보아요.
(차마 못 삼키고 밥을 입에 꽉 문 채 일순을 바라보는 영군.
일순, 영군의 손을 잡으며)
할 수 있어, 영군.
지금부터 내가 다섯을 세고....딱 소리를 내면, 삼키는 거야.
하나....둘....셋....

셋에 기습적으로 손가락 퉁겨 딱 소리를 내는 일순. 놀라 저도 모르게
꿀꺽 삼키는 영군, 분한 듯 일순을 쏘아본다. 시선을 피하는 일순. 영군,
제 가슴을 내려다보자 엑스레이 같은 네거티브 화면으로 바뀐다. 기계
장치로 이루어진 영군의 몸속. 식도에서 톱니바퀴들이 밥 덩어리를 굴
려 내려 보내는 모습. 위에서부터 보랏빛이 나와 점점 무지개색 순서로
번져가다가, 등에 위치한 라이스메가트론에서 빨간 하트 덩어리가 된
다. 눈을 동그랗게 뜨고 일순을 보는 영군. 이번에는 일순의 시점으로
영군 가슴 - 하트 모양의 엄마 얼굴이 안에서 빛을 발한다. 일순, 안아준
다. 환자들 사이로 서서히 번져가는 미소의 물결. 조용히 박수 치는 이
도 있고, 일어서서 머리 위에 두 팔로 하트를 만들어 보내는 덕천. 곱단
만 시무룩한 얼굴로 일어나 나간다. 영군 오른발의 엄지발톱, 반은 주
황, 반은 빨간색으로 점등된다. 미소 짓는 영군.

103. 건물 옥상 (밤)

매서운 바람. 화장품 가방을 옆에 놓고 옥상 끝에 선 곱단, 주변을 둘러
본다. 어두운 숲, 뾰족뾰족한 나무들.

곱단

아우....난 자연이 싫어.

특히 나무들 이상하게 생긴 거 최악이야....

(곱단의 뒤에 커다란 돌로 눌러놓은 유서가 바람에 흔들린다.

마음속으로 낭독하는 소리, 나지막하게)

규석님....저는 평소부터 사랑 때문에 죽는 게 꿈이었어요.

그러니까 자신을 탓하지 마시고 부디 저를 아름답게 기억해주세요....

손은영, 너 나한테 이렇게 하고 규석이랑 잘되면

평생 찝찝하고 얼마 못 가서 아토피 된다.

(잠시 생각하다 만족한 듯 볼을 감싸며)

목소리보다는 피부지....

(차가운 바람을 맞아 얼굴을 찌푸리며, 입을 열어)

아....얼굴 땡겨....

(화장품 가방을 들고 돌아서며)

팩 해야지....

종종거리며 가는 곱단. 돌에 눌린 채 바람에 흔들리는 유서.

104. 배구코트 정원 (낮)

마주 보고 걷는 설미와 덕천, 옆을 흘끗흘끗 보며 쑥덕거린다.

설미

뭐야, 무지하게 미인이잖아요, 대평님 부인.

역시 열등감 때문이었군요, 발기가 부전인 것이.

덕천

아유- 저는 또 저 때문인 줄 알고.....

숙녀복에 하이힐을 신은 털괴물 아내와 대평, 말없이 앞만 보고 앉았다. 그윽한 눈으로 아내를 돌아보는 대평, 조심스럽게 손을 들어 턱 밑을 간질인다. 눈을 가늘게 뜨고 남편 손에 머리를 기대며 갸르릉거리는 아내의 뒤로 멀리, 마주 보며 걷는 설미와 덕천 보인다. 그 옆으로 규석의 허리를 잡은 은영, 은영의 허리를 잡은 곱단, 기차 모양을 하고 지나간다.

영군

(소리)

할머니는 라디오 듣는 거를 좋아하세요.

105. 상담실 (낮)

슬기와 마주 앉은 영군. 라디오에서 나오는 음악 소리, 점점 커진다.

슬기

(고개 끄덕이며)

그래, 선생님두 라디오 듣구 있으면 시간 가는 줄 모르겠더라.

영군

아니, 시간 가는 걸 알려구 들으셨어요....

음악 소리를 듣는 듯 미소를 띤 영군의 얼굴.

106. 영군 집 거실 (낮) - 과거

오후 빛이 들어오는 창가에 놓인 라디오. 길게 썬 무를 잡고 갉아먹는 할머니, 옆에서 조립식 로봇을 만드는 영군.

영군

(소리)

....종일 집에만 있으니까.

네 시 방송 듣구 있는데 엄마가 오셨어요, 큰이모랑 이모부랑....

(엄마, 영군 이모, 이모부 들어선다.

돌아보는 영군과 할머니, 얼굴에 미소 사라지고 겁에 질린 표정.

사람들의 말하는 입 모양에 영군의 목소리 립싱크된다.

엄마, 말한다)

영군아, 라디오 좀 줄여라.

(영군, 라디오 소리를 줄이지 않은 채 불안한 표정으로

할머니와 사람들을 번갈아 본다.

영군 이모, 거실을 둘러보고 얼굴을 찡그리며 말한다)

이게 무슨 냄새야?

(잔뜩 움츠러들며 창가 커튼 뒤로 숨는 할머니.

창문을 여는 영군 엄마, 할머니로부터 무를 빼앗아

창밖으로 던지며 말한다)

무를 그렇게 자셔 대니까....소화두 안 되구....

할머니, 엄마를 피해 다른 구석으로 기어 도망간다. 이모 옆에 앉는 엄마, 한숨을 푹 쉰다.

107. 상담실 (낮)

씬105 연결. 한숨을 푹 쉬고 말하는 영군 얼굴에 엄마 목소리 립싱크.

엄마

(립싱크)

하루 종일 쉬구 들어왔는데 노인네가 이러구 있으면 일할 맛이 나겠니?

아니, 일하구 왔는데 쉴 맛이 나겠니?

108. 영군 집 거실 (낮) - 과거

씬106 연결. TV 뒤에 숨어 불안한 듯 내다보는 할머니. 할머니와 집안을 돌아보는 이모, 기가 막힌다는 표정이다.

영군
(이모 얼굴에 영군 목소리 립싱크)
언니, 어떻게 이러구 살았어?

분한 표정으로 라디오 볼륨을 점점 올리는 영군.

109. 상담실 (낮)

씬107 연결. 라디오 소리 점점 커진다.

영군
(자랑스럽다는 듯 큰 소리로)
할머니는 라디오 듣는 거를 좋아하세요!
신통방통 영군이가 만들어준 거니까 더 좋아하세요!
엄마, 큰이모, 큰이모부는 조용히 해! 라디오 안 들리게시리!

쿵쾅거리는 발소리. 영군, 고개를 홱 돌리며 말하는 얼굴에 영군 엄마 목소리 립싱크.

엄마
(소리)
라디오 좀 줄이란 말이야, 정신 사납게!

110. 영군 집 거실 (낮)

씬108 연결. 라디오를 꼭 껴안고 내주려고 하지 않는 영군, 억지로 뺏으려는 엄마. 이 모습을 지켜보는 영군 이모와 이모부. 할머니는 무서운 듯 땅에 엎드린다. 라디오를 빼앗아 벽에 던져버리는 영군 엄마. 라디오 부서지며 음악 소리 뚝 끊긴다. 눈 감고 귀 막고 비명 지르는 영군을 본 척 만 척하고 커다란 가방에 할머니 짐을 싸는 엄마. 이모, 어떻게 해야 할지 몰라 안절부절못하며 말한다.

영군

(립싱크)

짐 쌀 필요도 없어, 언니....밖에 앰뷸런스 기다려요.

(영군 이모부, 할머니를 부축하여 일으키며 말한다)

진작 기도원에 모셨어야 됐는데....

영문을 모르는 듯 겁에 질린 얼굴로 이 사람 저 사람 돌아보는 할머니.

111. 골목 (낮) - 과거

할머니를 태우고 가는 앰뷸런스의 뒷모습. 틀니를 들고 막 울면서 자전거 타는 영군, 결국 멈춘다. 차창을 내다보는 할머니, 뭔가 말하는 입 모양. 입술을 읽으려고 집중하는 영군. 할머니의 입 모양, 점점 확대된다.

112. 상담실 (낮)

씬109 연결. 울먹이는 영군을 안아 달래는 슬기.

영군

(울며)

선생님....제 존재의 비밀이요....알려드리면 안 되는 비밀이 있는데....
알려드릴까요?

(간절히 듣고 싶다는 표정으로 고개를 끄덕이는 슬기)

선생님....저는요....

영군, 입을 움직이지만 목소리가 차마 나지 않는다. 알아들으려고 안타
깝게 노력하는 슬기. 결국 말을 포기하고 슬기의 손을 끌어당기는 영군,
손바닥에 글씨를 쓰기 시작한다. 간지러워 움찔대는 슬기.

슬기

아이, 영군아....왜 그래....

(손을 돌려주고 귓속말하는 영군, 그제야 고개를 끄덕이는 슬기)

아- 싸이보그구나, 영군이....얼마나 힘들었을까.

(영군의 손을 잡으며)

괜찮아, 선생님이 이제 알았으니까.

아는 거 다음에는 믿는 게 중요하거든? 선생님 믿지?

(고개 끄덕이는 영군)

근데 아는 거, 믿는 거보다 제일 중요한 게 뭔지 알아?

....먹는 거야, 밥 먹는 거.

(재빨리 주머니에서 동그란 화이트 초콜릿을 꺼내 내밀며)

....그치?

초콜릿을 입에 넣고 살살 녹이는 영군, 빙긋 웃는다.

113. 휴게실 (낮)

탁구 치는 소리 들리는 가운데, 소파에 머리를 맞대고 앉아 속삭이는 일
순과 영군. 영군, 소리 없이 입을 뻐끔거린다.
인서트 - 할머니의 마지막 입 모양, 아주 느린 동작.
일순이 종이에 그리는 입술 모양. 입을 뻐끔거리는 영군의 옆모습. 영
군의 입에 손가락을 넣어 구조를 확인하는 일순. 종이에 구강의 모습을
그린다.

일순

(방금 완성한 그림을 따라 발음을 만들어)

....교? ....요? ....효?

영군

요....

일순, 종이에 적힌 문장 맨 끝에 '요'라고 적어 넣는다. '넌00탄존재의목
적은세상의0장십억볼트필요'. 빈자리를 되풀이 읽어보는 남녀. 수십
개의 그림 아래 해당 발음이 적혔다.

영군

....액? ....객? ....핵?

인서트 - 할머니의 뻐끔거리는 입 모양, 아주 느린 동작.
종이에 글자를 적어 넣는 일순.

일순

....목? ....곡? ....복?

영군

폭?

인서트 - 할머니의 뻐끔거리는 입의 옆모습, 아주 느린 동작.
종이에 글자를 적어 넣는 영군.

일순
(종이를 뺏어 띄엄띄엄 소리 내어 읽으며)
넌핵폭, 탄존재에, 목적은세상, 에....응....장십억, 볼트필요....

영군
(종이를 뺏어 일순보다 능숙하게 소리 내어 읽으며)

넌핵폭탄....존재의목적...은세상에....응...장십....억볼트필요....

일순

(믿을 수 없다는 듯 종이를 다시 뺏어 영군과 종이를 번갈아 보며)

핵폭탄?

114. 산길 (밤)

멀리 병원의 불빛이 보인다. 비가 온다. 우비를 입고 헤드 랜턴을 쓴 영군과 일순, 산길을 내려간다. 큰 짐을 등에 진 일순, 링거 스탠드를 든 영군. 두 사람, 힘이 드는 듯 말없이 걷는다.

115. 들판 (밤 – 새벽)

억수같이 내리는 비. 일순, 들판 한가운데에 텐트를 세우는 중이다. 작은 나무 아래 선 영군, 마치 지도라도 읽듯 종이를 확 펼쳐들고 쓱 보더니 눈앞의 들판 모양을 점검한다. 종이를 버리고 다가오는 영군.

영군

(껌을 씹으며)

자고로, 벼락을 피하려면 나무 아래에는 절대로 있으면 안 된다고 했어.

(고개를 끄덕이는 일순, 열심히 텐트를 들어 나무 아래로 옮긴다.

영군, 눈을 가리고 하늘을 보며)

십 억 볼트가 될까, 번개 하나에?

일순

(영군이 버린 종이를 발견하고, 제법 훈계조로)

영군님은 왜 쓰레기를 아무 데나 버리냐.

땅에 버려진 종이. 비를 맞아 번지는 글씨 – 넌핵폭탄/존재의('에' 위에

가위표하고 '의'로 고침)목적은/세상의('에' 위에 가위표하고 '의'로 고침)
끝장/십억볼트필요.

영군

(껌으로 풍선을 만들었다 손으로 터뜨리며)

뭐 어때, 이제 터지면 다 끝인데....

아무 데다 껌을 뱉는 영군. 일순, 영군이 버린 종이와 껌을 몰래 주워 주
머니에 넣는다. 힘을 합쳐 텐트를 세우는 두 사람, 손발이 척척 맞는다.
영군, 라디오에서 안테나를 떼어낸다. 일순, 안테나를 가지고 나가 착착
착 뽑아 링거 스탠드에 연결한다. 영군, 고무테이프로 왼손을 링거 스탠
드에 고정시킨다. 둘 다 자못 엄숙한 태도. 영군, 텐트에 들어가 냉큼 자
리 잡고 엎드린다. 비바람이 몰아쳐 텐트가 심하게 흔들린다.

잠시 후 -

더욱 세게 몰아치는 비바람. 머리만 내놓고 텐트에 엎드린 두 사람. 눈
을 꼭 감고 칫솔질하는 일순. 삼각 김밥과 치킨집에서 주는 진공포장
된 흰 무를 꺼내 까먹는 영군. 알루미늄 컵에 받은 빗물로 양치하는 일
순. 강풍에 텐트가 요동치더니 뒤쪽부터 무너지기 시작한다. 텐트가 날
아가지 않도록 이리저리 붙잡는 두 사람. 자꾸 몸에 감기는 천막과 싸
우며, 링거 스탠드를 사이에 두고 절망적으로 서로 끌어안는다. 들판 저
멀리 벼락이 친다.

영군

(깜짝 놀라 돌아보며)

아깝다!

(비 오는 중에도 멀리 하늘이 밝아오기 시작한다.

불현듯 불안해져서)

안 오면 어쩌지?

일순

그냥....희망을 버려.

(영군 이마에 일회용 반창고를 척 붙여주며)

그리구 힘냅시다!

빤히 서로를 바라보는 두 사람.

영군

....인제 모하나?

일순

양말 젖은 거부터 벗자.

꼼지락거리며 양말을 벗는 두 사람, 자기 벗은 발을 보면서 또 심심해진다.

영군

하지만 양말만 젖은 건 아니잖아.

잠시 후 -

매우 높은 데서 본 아주 넓은 화면 - 잿빛 구름이 꿈틀거리는 하늘, 들판에 선 작은 나무, 그 아래 주황색 천막, 그 위에 벌거벗고 껴안은 두 사람이 개미처럼 조그맣게 보인다. 링거 스탠드는 악착같이 잡고 있는 영군. 점점 잦아드는 비. 들판 끝, 산 너머 멀리 햇살이 비쳐들기 시작하며 서서히 무지개가 걸린다.

싸이보그지만 괜찮아 각본

ⓒ 2016 CJ E&M CORPORATION, MOHO FILM.
ALL RIGHTS RESERVED.

초판 1쇄 인쇄 2016년 12월 21일 **초판 1쇄 발행** 2016년 12월 28일

지은이 정서경 박찬욱 **펴낸이** 정상준
편집 이민정 김민채 황유정 **디자인** 공미경 **관리** 김정숙

펴낸곳 그책
출판등록 2008년 7월 2일 제322-22008-000143호
주소 서울시 마포구 동교로13길 34 (04003)
전화번호 02-333-3705 **팩스** 02-333-3745
facebook.com/openhouse.kr   facebook.com/thatbook.kr

ISBN 978-89-94040-98-1 03680

이 도서의 국립중앙도서관 출판예정도서목록(CIP)은
서지정보유통지원시스템 홈페이지(http://seoji.nl.go.kr)와
국가자료공동목록시스템(http://www.nl.go.kr/kolisnet)에서
이용하실 수 있습니다. (CIP제어번호:CIP2016030343)